本书得到国家自然科学基金面上项目（41871150）资助出版

城市住房的
特征租金理论与模型

CHENGSHI ZHUFANG DE
TEZHENG ZUJIN LILUN YU MOXING

王 洋◎著

中国财经出版传媒集团
经济科学出版社
Economic Science Press

图书在版编目（CIP）数据

城市住房的特征租金理论与模型/王洋著 . —北京：
经济科学出版社，2021. 10

ISBN 978 - 7 - 5218 - 2704 - 0

Ⅰ. ①城… Ⅱ. ①王… Ⅲ. ①城市 - 住宅 - 租金 -
研究 - 广州 Ⅳ. ①F299. 276. 51

中国版本图书馆 CIP 数据核字（2021）第 140008 号

责任编辑：周国强
责任校对：徐　昕
责任印制：王世伟

城市住房的特征租金理论与模型

王　洋　著

经济科学出版社出版、发行　新华书店经销

社址：北京市海淀区阜成路甲 28 号　邮编：100142

总编部电话：010 - 88191217　发行部电话：010 - 88191522

网址：www. esp. com. cn

电子邮箱：esp@ esp. com. cn

天猫网店：经济科学出版社旗舰店

网址：http://jjkxcbs. tmall. com

北京季蜂印刷有限公司印装

710 × 1000　16 开　8.5 印张　2 插页　150000 字

2021 年 10 月第 1 版　2021 年 10 月第 1 次印刷

ISBN 978 - 7 - 5218 - 2704 - 0　定价：48.00 元

前　言

　　近年来，中国住房租赁需求迅速增长，住房租赁市场已成为住房市场中不可或缺的重要组成部分。租房已成为中国特大城市居民的重要居住方式。北京、上海、广州和深圳的租房户比重分别达到 33.58%、32.75%、40.58% 和 72.68%（2015 年人口抽样调查数据，城市地域部分）。其中，不少中心区的租房户比例超过一半。高房价下，中国特大城市无房户获得住房产权的难度越来越大，很多新市民或新移民通过租房解决居住问题已成为"常态"。近几年，国家出台了一系列住房政策措施，意图通过保障和鼓励租赁住房的方式解决特大城市住房问题，也表明了中国特大城市"租房时代"的全面到来。但目前学术界对租房市场的研究还相对薄弱，租金是租房市场的核心指标，因而有必要对城市内部租金问题开展研究。

　　城市内部住房租金的空间差异及其影响因素既是城市地理学研究的范畴，也是城市经济学关注的议题。租金差异由住房特征的异质性决定，分析住房租金差异的影响因素是理解租房市场的重要前提。住房租金由多种因素共同决定，特征价格理论模型是当前分析住房租金因素最常用的思路。但房租和房价的形成机制不完全相同。房价不仅是居住效用的体现，还是产权福利（如学区）和资产属性（投资价值）的体现，而房租主要受到实际居住效用的影响。例如，地铁站的规划预期可提升其附近房价，但难以提升房租（地铁建成投入使用后才能提升）；同一片区相似特征的住房，是否拥有优质学区对房价影响非常大，但对房租的影响有限。更为重要的是，购房者和租房者的住房选择机制也有所不同。正因如此，城市内部房价和房租之间的形成逻辑和主要影响因素必然存在差异。但目前对房租的研究成果仍远远少于房价。因此，有必要进一步加强对城市内部住房租金差异因素的理论与案例研究。尤其需在特征价格理论（适用于房价）模型的基础上，研究适用于住房租金影响因素的特征租金理论与模型框架，这是本书的主要理论价值。

本书借鉴特征价格理论（适用于研究住房价格）的基本思路和出发点，结合住房租金形成的基本特点，提出适用于城市住房租赁价格研究的特征租金（hedonic rent，也可称为"享乐租金"）理论框架及特征租金模型。以广州为案例，分别从单套住房尺度和社区尺度验证本书提出的特征租金理论模型。相比于传统特征价格理论，特征租金理论更适用于解释和分析城市住房租金的影响因素。在租房导向下，将住房特征的构成要素进行"四分法"划分，突出了便利性特征和环境特征，这比传统特征价格模型（"三分法"）更符合中国城市租房市场的特点。本书的研究内容和主要观点如下：

（1）理论框架。提出并阐述了城市住房的特征租金理论框架，可简述为：住房具有多种特征差异，是一种异质性的可出租商品。这些特征共同决定了该住房的租金，住房租金就是其拥有各类特征的综合体现（货币体现）。该理论框架可用于分析和解释城市内部住房租金的影响因素和形成机制。

（2）构成要素。在特征租金理论视角下，提出了住房特征的"四分法"要素框架。住房特征的构成要素包括建筑特征、便利性特征、环境特征、区位特征四个方面。其中，建筑特征可进一步划分为单户住房特有特征、整栋住房共有特征和小区建设特征；便利性特征主要包括交通出行便利性、就业便利性、就学便利性、商业服务便利性、公共服务与休闲游憩便利性等；环境特征包括优质环境或景观可达性、厌恶型设施临近性、建成环境、社会环境；区位特征取决于住房所在的地理位置，可根据距市中心距离、所处圈层、板块、区域、方位等方式评价。

（3）模型方法。构建了特征租金模型的基本形式，并列举了常用表达式。特征租金模型为回归模型，住房租金为因变量，建筑特征、便利性特征、环境特征、区位特征的相关要素评价指标为自变量，可通过全局回归或局部回归的方法进行模型估算。

（4）租金评价。针对确切租金数据和分段租金数据，分别在单套住房、小区、社区、街道、板块等多个尺度列举了住房租金的计算与评价方法。在此基础上，总结了常用的城市住房租金空间差异评价方法和空间统计分析方法。

（5）案例研究。通过两个案例研究验证本书提出的特征租金理论模型。在单户住房尺度下，以广州都市区住房租金的核心影响因素研究为案例。在社区尺度下，以广州中心城区住房租金影响因素的空间异质性研究为案例。

本书是国家自然科学基金项目面上项目"社会空间视角下广州市外来人口租房的区位选择特征与机制"（项目编号：41871150）资助下的系列研究成果。其中既包括已经公开发表或出版的，也包括部分尚未发表的成果。同时，本书还受到了广东省科学院建设国内一流研究机构行动专项资金项目（项目编号：2020GDASYL-20200104001）的资助支持。在本书的撰写和出版过程中，云南师范大学地理学部、广东省科学院广州地理研究所为我提供了研究平台保障和支撑，在此表示由衷感谢。

在我的求学历程和学术生涯中，有幸先后得到了修春亮教授和方创琳研究员这两位著名人文地理学者的悉心培养；在本成果的研究过程中，吴康敏博士、岳晓丽硕士生在数据处理和计算分析中给予了重要帮助。本书的顺利完成离不开他们的支持，我在此表达诚挚的谢意！

　　城市住房租金涉及的因素复杂，理论视角多元，加之本人能力有限、时间仓促，书中不足之处在所难免，恳请各位读者批评指正。本书撰写过程中除了参考本人已发表或待发表的成果外，还参考了很多专家学者的科研成果，并在书中注明，但仍恐漏注之处，还请多包涵。望同仁提出宝贵意见！

王泽

2021 年 9 月于昆明

目　　录

第一章

绪　论

本章界定了住房租金的基本概念，并总结了净价、全包价、挂牌价、成交价、指导价、市场价、起价、整租价、合租价等各类住房租金的含义。简要阐述了城市住房租金研究的相关理论视角，包括住房租金形成的相关理论、居民租房选择相关理论、地租理论和区位论。其中，住房租金形成的相关理论主要有供需理论、效用理论和博弈理论。居民租房选择的相关理论可划分为：第一，人类生态学派的"侵入－演替"理论模型与"过滤论"；第二，行为学派的微观居住选择理论；第三，基于政治经济学和公共经济学视角的地方性公共物品理论；第四，新古典主义经济学派的市场均衡理论和"互换理论"；第五，马克思主义学派和结构学派的居住选择理论；第六，韦伯学派的城市住房阶级理论和城市经理人学说。地租理论主要有马克思的级差地租理论、赫德的区位地租理论、阿隆索的投标租金曲线理论、萨缪尔森的地租理论、巴洛维的地租理论。区位论主要包括以农业区位论和工业区位论为代表的古典区位论、以中心地理论和市场区位论为代表的近代区位论和以一般区位论为代表的现代区位论。最后提出了本书的研究框架与总体思路，即"相关理论→特征租金理论→模型与方法→应用案例"，并简要介绍了案例研究区的基本概况和数据来源。

第一节　基本概念与相关理论视角

一、住房租金的基本概念界定

住房租金是人们租用某处住房所必须付出的代价，通常用货币形式表现。住房租金总体上分为总价和单价。总价指一套住房的总租金，单位为元；单价指每平方米建筑面积的租金，单位为元/平方米。按付款时间段划分，主要可分为月租金、年租金、日租金，对应的单位分别为元/月、元/年、元/日。与住房租金相关的概念包括：净价、全包价、挂牌价、成交价、指导价、市场价、起价、整租价、合租价等，各类概念的名称如表1-1所示。

表1-1　　　　　　　　各类住房租金概念的含义

租金概念	含义
净价	指承租方支付给出租方的"纯租金"，即，该租金不包括租赁住房过程中产生的水电费、网络费、燃气费、物业费等，以及中介费、税费，这些费用的支付方式由双方另议
全包价	指承租方支付给出租方的租金中，已包括了租赁住房过程中产生的水电费、网络费、燃气费、物业费等费用，租赁方不再需要另行支付上述费用
挂牌价	指出租方报出的租金价格
成交价	指租赁双方通过讨价还价后实际发生的成交租赁价格，一般来讲，成交价略低于挂牌价

续表

租金概念	含义
指导价	指政府为了规范住房租赁市场，对一定片区（或小区、楼盘）的住房租金出具统一的具有指导性质的租赁价格，以便租房市场双方及管理方、中介方参考
市场价	指片区（或小区、楼盘）的市场租赁参考价，一般是通过一定范围内多个类似租赁样本形成的租价均值或中位数计算得出
起价	指同一出租方（如开发商、租赁商等）在同一小区（楼盘）同时出租多套住房时，出现的最低租金
整租价	指整套住房的租金
合租价	指将一套住房拆分成多个房间出租给多名租户时，相应单名租户需要承担的租金

在租房市场中，住房租金一般指整套住房月租金净价的总价，如 3000 元/月。在学术研究中，往往更多地采用整套住房月租金净价的总价或单价。单价可消除住房面积差异对租金带来的影响。例如，对于 100 平方米的住房，租金为 30 元/平方米·月。

二、城市住房租金形成的相关理论

（一）供需理论

住房租金是租赁住房价格的表现形式，供需理论是价格理论中的重要流派。根据供需理论，在其他条件不变的情况下，租房者对住房的需求量和它们的租金呈反比。住房租金越高，可承受该租金的需求人数越少，待租房源的供给是住房租金的减函数。但无论如何，最终总有一个出租者（房东）和承租者（租户）共同接受的价格，即需求租金和供给租金相一致的金额（如图 1-1 所示）。在该租金水平下，需求量等于供给量，市场处于均衡状态，这时的租金称为均衡租金。供需一方的变化会对住房租金产生影响，例如，人口流入、就业机会增加、产业导入、交通条件改善、住房拆迁等因素都会引起该区域租房需求增大，导致租金上升。该理论对住房租金研究的借鉴之处在于，住房租金的高低与租赁房源供给和租房者的需求密切相关，区位配套完善、生活便利、设施齐全、居住舒适的住房往往带来更多的租赁需求，进而使其租金较高。因此，供给和需求共同影响住房租金。

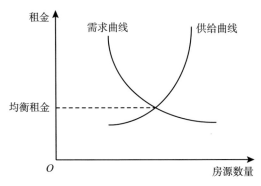

图 1-1　城市住房租金的供需理论框架

（二）效用理论

效用是商品能满足人们某种需要的能力。效用理论认为，商品效用与价格呈正比（王洋，2015）。待租住房也是商品的一种，其租金也取决于该住房的居住效用。居住效用越大，租金越高。住房的居住效用体现在使用价值。住房的外观、朝向、结构、内部格局、通风采光、装修配置状况、周边配套、居住环境等因素影响着住房效用，进而影响住房租金。从效用理论视角看，住房的居住效用决定了租金。罗森（Rosen，1974）基于住房供给视角，提出了居住效用价值理论。认为住房除了其基本使用功能外，还具有效用功能，可给住户带来心理的满足感和归属感（邹静等，2017）。根据该理论，这种综合的居住效用价值决定了住房租金。

（三）博弈理论

博弈理论认为市场中的任何行为都是人的行为综合作用的结果。租金作为住房租赁市场系统的重要组成部分，其形成过程也必然有人的参与。该理论可认为是源于成本理论和效用理论的综合作用，即：住房租金是出租方的持有成本函数和承租方的效用函数在博弈中产生均衡租金的结果。根据博弈理论，在住房租金形成过程中，人的选择行为会对租金起到重要作用。当租房市场有多个出租人时，考虑到租房者对租金的敏感性，最终会出现一个均衡价格，这就确定了住房租金。租房者的博弈行为是指在住房租赁市场的多种选择下，货比多家，支出租金而获得住房的临时居住权，从而实现自身居住效用最大化的整体租赁行为过程。包括市场信息调查、与房产中介接触、讨价还价、实现租赁等一系列过程（葛红玲和杨乐渝，2010）。从博弈理论视角看，住房租金是租房市场各博弈主体在博弈过程中形成的均衡价格。

三、城市居民租房选择的相关理论视角

租金的形成在很大程度上受到租房者的居住选择决策影响。越受到租房者青睐的住房，其竞争性的需求越强，居住效用也越高，租金往往也越高。如果待租房源没有成为租房者的居住选择目标，则租金难以提升。因此，分析城市住房租金的相关问题，就需要研究租房者的居住选择（租房选择）相关理论。这些理论体系主要可以划分为以下六个方面：一是人类生态学派的"侵入－演替"理论模型与"过滤论"；二是行为学派的微观居住选择理论；三是基于政治经济学和公共经济学视角的地方性公共物品理论；四是新古典主义经济学派的市场均衡理论和"互换理论"；五是马克思主义学派和结构学派的居住选择理论；六是韦伯学派的城市住房阶级理论和城市经理人学说。上述理论体系的具体理论（或学说、模型）及其年份、理论来源、研究视角、核心观点、代表性人物等信息如表1－2～表1－7所示。

表1－2　　　　　　　 人类生态学派的"侵入－演替"理论模型
与"过滤论"研究视角概况

年份	理论、学说、模型	理论来源、研究视角和核心观点	代表性人物
1924	"侵入－演替"模型	基于人类生态学，高收入阶层迁移源于低社会地位移民的压力	伯吉斯（Burgess，1924）

续表

年份	理论、学说、模型	理论来源、研究视角和核心观点	代表性人物
1939	过滤论	基于人类生态学，高社会地位家庭迁移是较低地位阶层住房区位选择的前提和居住迁移的动力	霍伊特（Hoyt，1939）
1969	基于宏观市场环境的过滤论	基于过滤论，注重宏观住房市场环境和条件对不同阶层的影响	兰辛和马兰斯（Lansing and Marans，1969）

表1-3　　　　　　行为学派的微观居住选择理论研究视角概况

年份	理论、学说、模型	理论来源、研究视角和核心观点	代表性人物
1955	生命历程	基于消费行为和家庭生命周期理论，个体行为选择特征及其所处的家庭阶段决定居住选择	罗西（Rossi，1955）
1965	地点效用和行动空间	基于环境感知理论，将环境感知引入区位决策分析框架	沃尔珀特（Wolpert，1965）
1966	家庭生命周期的居住选择理论	基于家庭生命周期理论在不同家庭生命周期阶段，居民居住选择的出发点和机制不同	阿布-卢格霍德和弗利（Abu-Lughod and Foley，1966）
1970	"迁移+搜寻"两阶段迁居决策模型	基于心理学，以"效用空间"为视角研究居住选择	布朗和摩尔（Brown and Moore，1970）
1973	居住选择领域的离散选择模型	基于随机效用模型和消费者离散选择理论，区位选择被抽象为消费者所面临具有不同特征选择的集合	麦克法登（McFadden，1973）
1978	居住选择的主观因素影响	基于行为环境视角，消费者的主观因素支配其居住选择行为	费尔和洛弗尔（Färe and Lovell，1978）
1984	住房生涯理论	基于生命历程和居住轨迹视角，住房选择受家庭状态、职场生涯、住房观念、重大事件等因素的影响	肯迪格（Kendig，1984）
1987	居住选择的社会影响	基于住房搜寻决策理论视角，社会背景和社会差异对住房搜寻行为具有重要影响	艾特肯（Aitken，1987）

表 1 - 4　　　　　基于政治经济学和公共经济学视角的地方性

公共物品理论研究视角概况

年份	理论、学说、模型	理论来源、研究视角和核心观点	代表性人物
1956	地方公共物品理论；"用脚投票"及蒂布特（Tiebout）模型	基于政治经济学和公共经济学视角，地方公共物品决定居住选择	蒂布特（Tiebout，1956）
1969	地方公共物品组合理论	基于地方公共物品理论，各种公共配套服务设施的组合决定居住选择	奥茨（Oates，1969）

表 1 - 5　　　　　新古典主义经济学派的市场均衡理论

和"互换理论"研究视角概况

年份	理论、学说、模型	理论来源、研究视角和核心观点	代表性人物
1960	最优居住区位	基于新古典经济学的市场均衡理论，以"租金结余最大化"为假设	赫伯特和史蒂文斯（Herbert and Stevens，1960）
1964	投标租金曲线理论	基于住户的最大效用，形成了不同收入阶层的投标租金曲线	阿隆索（Alonso，1964）
1969	互换论	基于阿隆索的投标租金曲线理论，以家庭效用最大化和交通成本最低为导向	穆斯（Muth，1969）

表 1 - 6　　马克思主义学派和结构学派的居住选择理论研究视角概况

年份	理论、学说、模型	理论来源、研究视角和核心观点	代表性人物
1973	居住选择的社会环境因素	基于马克思主义，社会环境是居住决策过程中的一个重要因素	哈维（Harvey，1973）
1975	居住选择的社会结构体系影响	结构学派，社会结构体系是居民居住区位选择行为的根源	格雷（Gray，1975）
1985	社会空间统一体理论	居住区位选择与社会空间具有相互作用的关系	卡塞尔和门德尔森（Cassel and Mendelsohn，1985）

表 1 – 7　　　韦伯学派的城市住房阶级理论和城市经理人学说研究视角概况

年份	理论、学说、模型	理论来源、研究视角和核心观点	代表性人物
1967	住房阶级理论	基于韦伯社会分异理论和伯吉斯同心圆模式，住房区位选择是不同收入、职业和种族地位的居民在住房市场上竞争的结果	雷克斯和摩尔（Rex and Moore，1967）
1970	城市经理人学说	基于城市管理学，各类"城市守门人"决定居住选择	帕尔（Pahl，1970）

（一）人类生态学派的"侵入 – 演替"理论模型与"过滤论"

早在 20 世纪 20 年代，人类生态学派的城市区位研究就关注到了住房区位选择议题。伯吉斯（Burgess，1924）从生态学理论视角出发，在 1924 年构建了"侵入 – 演替"模型，认为高收入阶层迁移到郊区的居住选择过程是来自内城低社会地位移民的压力。高收入阶层的居民趋向于居住在郊区，而低收入阶层的居民倾向于居住在市中心的老住宅区中，由内向外分布形成中心商业区、过渡带、工人住宅区、中级住宅区、高级住宅区五个圈层（Park et al，1925；郭鸿悬，2002）。

霍伊特（Hoyt，1939）提出了"过滤论"，认为高社会地位家庭迁移并产生的空置住房是较低地位阶层家庭住房区位选择及居住迁移的动力。兰辛和马兰斯（Lansing and Marans，1969）基于"过滤论"视角以住房为主体分析了宏观住房市场环境和条件对不同收入阶层家庭住房选择的影响机制（张园，2014）。这种住房居住选择的"过滤效应"可简述为：如果一个城市的住房市场是均衡的，起先较高收入者入住质量较好的住房，随着时间的推移，住房出现老化和折旧，较高收入者为了更好的居住条件，就搬离现有住房，而较低收入者则搬入该住房，整个过程好似层层过滤的流水一般，表现为"过滤效应"（O'Sullivan and Arthur，2003；吴宇哲，2005）。20 世纪上半叶，"过滤论"是最具有权威性的住房区位理论（赵自胜，2010）。

（二）行为学派的微观居住选择理论

罗西（Rossi，1955）基于消费行为视角的个人居住选择研究，开启了行为学派的微观居住选择研究范式。更为重要的是，他在研究中考虑到了"家庭生命周期"的影响，提出了生命历程（life course）的分析视角。阿布－卢格霍德和弗利从"家庭生命周期"角度分析居民居住选择的变化特征，认为居民在"无孩期→育孩期→育孩后期→孩子成人期→孩子离家期→晚年期"这六个阶段中，其居住选择的特征与导向有很大不同（Abu-Lughodand et al，1960；Abu-Lughodand and Foley，1966；Morgan，1976；陈则明，1998）。肯迪格（Kendig，1984）在生命历程、居住轨迹概念的基础上，通过融合微观居住流动、住房等级、宏观过滤论等理论，提出了住房生涯（housing career）理论（姚嘉玉，2016），体现了居民居住选择的阶段性特征，表明居住选择不仅与住房的权属类型、质量、价格相关，更受到家庭状态、职场生涯、住房观念等因素的影响。

沃尔珀特（Wolpert，1965）认为区位选择是源于环境感知，并提出地点效用和行动空间两个概念，将环境感知引入区位决策分析框架中；布朗和摩尔（Brown and Moore，1970）将心理学概念引入居住区位选择行为研究中，基于"效用空间"视角，提出了"迁移＋搜寻"两阶段的迁居决策模型（林瑜茂，2006）；麦克法登（McFadden，1973）将随机效用模型理论融入消费者离散选择问题中，并应用到居住区位选择的相关研究中，形成了居住选择领域经典的离散选择模型方法论，认为家庭的住房区位选择行为可被抽象为消费者所面临具有不同特征选择的集合；费尔和洛弗尔（Färe and Lovell，1978）从行为环境的视角出发，认为在居住选择过程中，除了居民人口特征（如种族、年龄等）外，居民居住偏好、购房经验、价值观、文化、情感等主观因素都会决定其居住选择行为（王仁芳，2016）；艾特肯（Aitken，1987）认为应注重社会背景和社会差异对住房搜寻行为中的影响。

（三）基于政治经济学和公共经济学视角的地方性公共物品理论

蒂布特（Tiebout，1956）从政治经济学和公共经济学视角提出了"用脚投票"理论，认为不同区域的"地方公共物品"供给水平和税收制度存在差异决定了居民的居住区位选择，这是由于居民支付能力和对地方公共物品偏好存在差异造成的，并构建了经典的蒂布特（Tiebout）模型。该理论将城市中的各类公共服务设施（如公园、学校、展览馆等）视作政府提供的地方性公共物品。这些公共服务物品往往较为稀缺，使其在供给上存在空间竞争。即，越靠近这些公共服务设施的区域的居民，越容易享受到公共服务，这使得这类公共物品具有"地方性"的特点（郝前进，2007）。消费者可通过"用脚投票"，迁移到提供公共物品和税收较好的片区进行居住。在该理论的基础上，奥茨（Oates，1969）认为，在其他因素相同时，如果一个社区内住房的各种公共配套服务设施的组合越有竞争力，越能吸引到居民入住，其租金或房价就越高。希望消费高水平公共产出的家庭，将提升高质量公共服务社区的住房租金与价格。他认为特定社区的住房租金与价格取决于房屋自身和周边的物理特征、所处社区到城市中心的距离、财产税率和该社区所提供的公共服务水平。

（四）新古典主义经济学派的市场均衡理论和"互换理论"

赫伯特和史蒂文斯（Herbert and Stevens，1960）基于新古典主义经济学的市场均衡理论，以"租金结余最大化"为假设前提，从宏观经济平衡视角分析居民的居住区位选择，认为租金支付能力最大的居民将获得最优居住区位，进而得出不同支付能力居民的最佳居住地布局。该研究主要探讨了居民总体的居住选择与迁居行为发生的概率与住房特征、人口统计特征、社会经济特征的联系。

新古典主义经济学派的另一代表人物阿隆索（Alonso，1964）和穆斯（Muth，1969）等学者通过研究城市住房租金和交通费用的关系提出了住房区位选择的"互换理论"，认为租金和交通费之和最小可实现家庭效用最大化和成本最低，是居住选择的"最佳区位"，不同收入阶层的最佳区位不同，并形成了各自的"投标租金曲线"。在一系列假设前提下，厂商为了获得最大利润，以成本、土地租金、营业量等为变量，形成了农业、工商业和居住三种不同的投标租金曲线；住户为了满足最大效用，以土地租金、通勤费和消费支出等为变量，形成了高收入阶层、中等收入阶层、低收入阶层不同形态的投标租金曲线。该理论认为居民在选择住房区位时，交通费和住房租用费必须同时考虑，只有两者之和最小才是最佳区位，从而实现家庭效用最大化，由此解释了居住区位选择的形成机制（王洋，2015；梁春雷，2008）。

（五）马克思主义学派和结构学派的居住选择理论

马克思主义的代表性学者哈维（Harvey，1973）认为社会环境和对社会环境的认识是居住决策过程中的一个重要因素。任何城市理论必须研究城市空间形态与其内在机制的社会过程间的关系（张鸿雁，2000）。哈维通过居住分异和金融机构作为解释垄断地租存在的根源。该理论认为，住房可视作社会各类资源再分配的工具，因而不同社会阶层居民的住房选择不同，在空间上的分布差异就体现为居住空间分异。哈维对美国巴尔的摩的住房市场与金融资本的关系作了实例研究，得出住房是资本主义社会的资本利润来源之一，由于它被劳动力所消费，它也是劳动力再生产的一个方面，而住房市场就是社会阶级冲突的场所。城市居民的居住选择差异不仅反映了劳动力在生产领域中的地位差异，还体现了这种差异作为资本主义社会结构体系组成部分的延续，因为公共设施（如教育设施）的空间分布差异对于劳动力的再生产（如受教育程度）具有重要的影响（刘旺，2004）。

结构学派的格雷（Gray，1975）认为社会结构体系是居民居住区位选择行为的根源，是资本主义社会矛盾在空间体系的反映；结构学派的另一代表人物卡塞尔（Castells，1977）认为：住房是城市系统的主要消费物品，居住区位选择的结果源于社会各类力量竞争，因而，社会政治关系是城市居住区位的形成的根本内在机制（周源，2009）。社会空间统一体理论的典型代表卡塞尔和门德尔森（Cassel and Mendelsohn，1985）认为居住区位选择与社会空间具有相互作用的关系，例如，在邻里社区生活的人群受到周围人群的价值观、看法和行为影响，同时，邻里社区又被在其中生活的人群所创造、维护和改变。

（六）韦伯学派的城市住房阶级理论和城市经理人学说

韦伯学派关注社会冲突、权力分配及城市资源分配差异等议题。20 世纪六七十年代，把城市看作"社会－空间"整体系统的新韦伯主义相关理论开始涌现。与居住选择相关的代表性理论主要包括雷克斯和摩尔的"住房阶级理论"、帕尔的"城市经理人学说"。

雷克斯和摩尔（Rex and Moore，1967）在对伯明翰内城住房短缺的研究中，结合了韦伯社会分异理论和伯吉斯同心圆模式，提出了"住房阶级理论"。该理论划分出六个住房阶级，不同的住房阶级往往居住在城市的特定空间位置，租房者往往居住内城。这些住房阶级的划分由住户自身人口统计学特征（如职业、收入、种族）和住房市场规则共同决定。其核心思想是，住房条件是基于收入差异在住房市场上展开的竞争，因为人人都想住在条件优越的社区（刘旺和张文忠，2004；杨上广和王春兰，2007）。随着历史发展，城市逐渐分化成一个个相对独立、相互隔离的居住单元，不同类型的居民根据其居住区位选择，生活在不同的城市居住单元中。根据该理论，城市住房区位选择是由住户特征（收入、职业）和住房市场特征结合在一起共同作用的结果（王洋，2017）。

帕尔（Pahl，1970）提出了"城市经理人学说"。他充分研究了规划师、住房管理者、政府等主体（可称作"城市经理人"）对城市住房市场供给和分配的影响，以及对不同住户影响的差异（刘旺和张文忠，2004）。居民在住房选择中，主要受到各类"城市经理人"的相互影响和作用，进而作出决策。这些"城市经理人"主要包括：土地市场管理者（如私人土地所有者与租赁者）、建筑市场管理者（如房地产开发商和建筑商）、资金市场管理者（如向住房市场提供生产和消费贷款的金融机构）、交易市场管理者（如房地产经纪人等）、地方政府机构管理者（如公共住房的管理者和规划者）（刘旺和张文忠，2004；杨上广，2005）。该学说认为城市资源分配的不平等并不是由空间或区位决定的，而是由这些在社会系统中占据重要位置的机构或个体的行为决定的，是有着社会和政治方面的深层原因（刘芳，2006）。根据该理论学说，城市居民的居住选择是由一系列具有决定权的"城市经理人"共同作用的结果（王洋，2015，2017）。

四、城市的地租理论和区位论

地租理论体系和区位论理论体系是城市住房租金相关问题研究过程中可参考的经典理论视角，具体如图1-2所示。

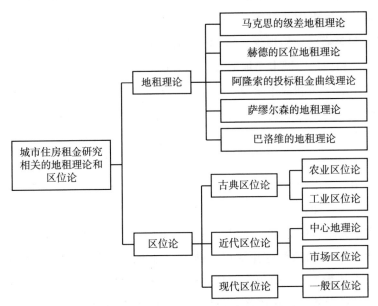

图1-2 城市住房租金研究相关的地租理论和区位论

（一）地租理论体系

地租理论包括的流派非常多，对住房租金差异及其形成机制研究具有指导和借鉴意义的主要有：马克思的级差地租理论、赫德的区位地租理论、阿隆索的投标租金曲线理论、萨缪尔森的地租理论、巴洛维的地租理论。借鉴葛红玲和杨乐渝（2010）的阐述，分别简介如下（王洋等，2015a）：

（1）马克思的级差地租理论认为，土地所有权和垄断是地租产生的根本原因，地租是土地所有权在经济上得以实现的形式。级差地租形成的基础是土地的差异性和有限性。级差地租Ⅰ是由土地生产力水平和位置的差异而形成的。而且由于位置差异而形成的不同土地等级差别不会消除。因而，处于不同位置的住房，其租金将有所差异。

（2）赫德的区位地租理论由赫德在1903年出版的《城市土地价值原理》中阐述。该理论认为，随着城市的空间扩展，城市外围"劣等"的土地将被使用，这样会对城市中心的土地产生地租。随着城市继续扩展，"更劣等"的土地被使用，对上一级土地产生地租，城市中心的土地租金将更高。因此，根据该理论，城市住房租金由中心向外围递减。

（3）阿隆索的地租理论（投标租金曲线理论）根据一般均衡原理，分别建立了厂商和住户对城市土地的投标租金曲线。租金和交通费之和最小可实现家庭效用最大化和成本最低，是居住选择的"最佳区位"，不同收入阶层的最佳区位不同，并形成了各自的"投标租金曲线"（Alonso，1964）。该理论揭示了土地价格在城市中的空间分布特点及其形成机制。

（4）萨缪尔森的地租理论。该理论基于供需理论的基本框架，认为地租是土地使用中付出的货币代价。地租由供求关系形成的均衡价格决定。由于土地的有限性，使得供给数量基本固定，供给缺乏弹性，因此，地租的多少完全取决于需求者的竞争。地租取决于土地使用者愿意支付的竞争价格。

（5）巴洛维的地租理论。巴洛维在《土地资源经济学——不动产经济学》一书中认为，地租可以简单地看作总收益减去总成本后剩余的部分。因此，土地的地租额度取决于产品价格水平与成本之间的关系。

尽管上述不同流派对地租产生的根源解释各不相同，但对分析住房租金相关问题的借鉴作用是一致的：区位的差异决定了地租的差异，进而影响住房租金的差异。优越区位的住房，租金更高。

（二）区位理论体系

区位论是研究经济活动最优空间的理论，即研究经济行为与空间关系问题的理论，该理论源于级差地租理论。住房区位，不仅仅是指住房在城市区域中所坐落的地理位置，而且包括由该位置出行的便捷程度（即通达性）以及居住在该位置所获得的非经济方面的满足程度。区位论具体包括以农业区位论和工业区位论为代表的古典区位论、以中心地理论和市场区位论为代表的近代区位论和以一般区位论为代表的现代区位论（王洋等，2015a）。

古典区位论从地租的角度出发，以最低成本为出发点，通过讨论"最小运费点"和"区位因子"等对农业和工业的生产者布局进行研究，探索企业的最优区位选择。其代表是杜能的农业区位论和韦伯的工业区位论。

近代区位论更侧重对市场因素的研究，遵循利润最大化原则，认为合理的区位是由产品需求量大小决定的，有足够的消费者需求，企业就可以获得利润。代表性的理论是克里斯泰勒的中心地理论和廖什的市场区位论。

现代区位论更加注重非货币收益和效用最大化。并且将信息成本、制度、政策等因素列入区位选择的决策分析中。其典型代表是俄林的一般区位论。

根据上述区位论体系，住房租金的高低与住房所处的区位息息相关。住房坐落的地理位置和以此为基点进行工作、上学、购物、就医、娱乐等出行活动所需的交通成本（包括货币成本和时间成本），以及该位置的自然环境、社会人文环境等对居住者身体心理等方面的影响（董昕，2001）。正是由于住房不同于其他商品的特殊属性（固定性、耐久性、高价值性、社会属性等），才决定了住房与区位的密切联系。西方发达国家通用的"区位圣典"一直主宰着房地产经济学。在这个主宰着房地产投资行为的理论中，区位即使不是唯一的，也是房地产市场价值决定性影响因素之一（舒东和郝寿义，2003），因此区位也是住房租金的重要决定因素。该理论的可借鉴之处在于：住房坐落位置、可达性、外部环境及服务设施便利程度等因素对住房租金具有重要影响。

第二节 总体思路框架与案例地简介

一、本书的总体框架和研究思路

本书在总结城市住房租金的相关理论和特征价格理论的基础上，提出适用于城市住房租赁价格研究的特征租金（hedonic rent，也可称为享乐租金）

理论框架，进而提出住房特征的构成要素和特征租金模型。以广州为案例，分别从单套住房尺度和社区尺度验证了本书提出的特征租金理论模型。全书形成"概念与相关理论→特征租金理论→模型与方法→应用案例"的总体研究思路，如图1-3所示。

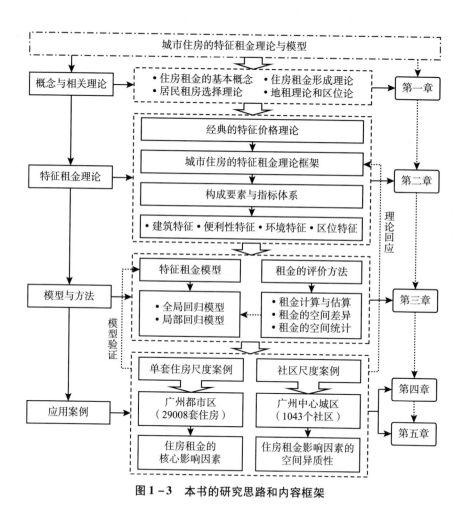

图1-3　本书的研究思路和内容框架

（一）概念与相关理论研究

简述了住房租金的相关基本概念，总结了城市住房租金研究的相关理论视角。包括住房租金形成的相关理论、居民租房选择相关理论、地租理论和区位论。提出了研究框架与思路，并简要介绍了案例研究区的基本概况和数据来源。该内容对应本书第一章。

（二）特征租金理论研究

在借鉴经典特征价格理论的基础上，提出并阐述了城市住房的特征租金理论框架。从建筑特征、便利性特征、环境特征、区位特征四个方面提出了特征租金理论下城市住房特征的构成要素与指标体系。此内容对应本书第二章。

（三）模型与方法研究

构建了特征租金模型的基本形式，并列举常用表达式。特征租金模型为回归模型，可通过全局回归或局部回归方法进行模型估算。列举了住房租金的计算与评价方法，在此基础上，总结了常用的城市住房租金空间差异评价方法和空间统计分析方法。这部分内容对应本书的第三章。

（四）应用案例分析

以广州的 2 个案例验证本书提出的特征租金理论模型。在单户住房尺度下，探索广州都市区住房租金的核心影响因素，这部分对应本书的第四章；在社区尺度下，研究广州中心城区住房租金影响因素的空间异质性，此内容为本书的第五章。

二、研究案例地简介与数据来源

（一）研究案例地简介

本书以广州为案例研究地，评价其住房租金及其影响因素，并作为特征租金理论模型的应用案例。广州是全球著名的国际大都市，中国的"一线城市"，国家中心城市，也是中国城市地理学最为典型的研究案例城市。同时，广州也是中国租房户比重较高的城市之一，其租房政策的制定也具有开拓性和创新性。因此，广州非常适合作为本书的典型案例城市。广州市市域面积为 7434.4 平方千米，2020 年常住人口为 1867.66 万人，地区生产总值为 25019.11 亿元。下辖越秀区、荔湾区、海珠区、天河区、白云区、黄埔区、番禺区、花都区、南沙区、增城区、从化区。

　　本书的研究案例包括两个范围和两个尺度：一是基于单套住房尺度的广州都市区范围，二是基于社区尺度的广州中心城区范围。广州市域（行政区域）、广州都市区、广州中心城区三者的关系，如图 1 - 4 所示。

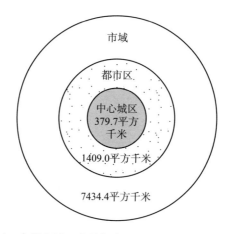

图 1 - 4　广州市域、广州都市区、广州中心城区三者关系

（二）单套住房尺度案例的研究区域与数据来源

1. 研究区域与研究单元

　　单套住房尺度案例的研究以广州都市区为研究区域。广州都市区由广州绕城高速公路—广明高速公路—广州市界构成及其附近镇街、社区（村）的范围构成，研究范围的界定可参考王洋等发表的论文成果（王洋，2017a，2017b）。研究区域总面积为 1409 平方千米，该地域范围包括了越秀区、荔湾区、海珠区、天河区的全部范围，以及白云、黄埔、番禺区的部分范围。

以单套整租住房为基本研究单元，共 29008 套。租金以单套住房每月的租金单价（元/平方米）表示。

2. 数据来源与处理

单套住房（为挂牌待租房源）租金单价数据通过"贝壳租房"（广州）（https：//gz.zu.ke.com/zufang）计算得出。该平台属于"贝壳找房平台"的细分平台，房源数据可信度相对较好，已成为国内有较大影响力的房地产信息网站。数据收集时间为 2020 年 3 月，在网站的发布时间（或数据维护时间）从 2019 年 12 月 12 日至 2020 年 3 月 9 日不等。由于数据时间跨度较短，因而可视作横截面数据进行分析。将收集到的数据进行数据清洗，去掉商业办公性质的房屋、合租住房、地下室（地下室大概率是车位）、别墅、300 平方米以上的豪宅、难以找到准确地理位置的住房。最终形成 29008 套待租房源，作为本书单套住房尺度案例研究的基本数据。

在住房租金影响因素方面，本书案例涉及建筑特征（建筑面积、朝向与楼层、房龄、物业与电梯）、便利性特征（地铁站可达性、办公便利性、基础教育便利性、商业服务便利性）、环境特征（公园可达性、工厂临近性）、区位特征（距 CBD 距离）四大方面的 11 个因素。其中，建筑特征的 4 个因素数据来源于"贝壳租房"（广州）并进行整理。便利性特征和环境特征因素涉及的相关数据来自百度地图 POI 点数据（数据时间是 2019 年 8 月），面状数据（公园）根据百度地图绘制而成。由于便利性特征和环境特征因素的相关数据相对稳定，因而，存在一定的时间滞后性不会对研究结果产生影响。区位特征（距 CBD 距离）根据 GIS 量取每套住房与广州国际金融中心大厦（珠江新城西塔）的直线距离得出。

（三）社区尺度案例的研究区域与数据来源

1. 研究区域与研究单元

社区尺度案例的研究以广州中心城区为研究区域，范围为：西至广州市界，南至海珠区区界，东至天河区的前进街道、黄村街道、新塘街道、龙洞街道，北至白云区的京溪街道、同和街道、黄石街道、新市街道、棠景街道、松洲街道，总体上包括了广州环城高速公路围合区域及其附近街道。该范围参考了之前相关研究成果对广州功能地域的划分方式（王洋，2017a，2017b）。研究区面积为 379.71 平方千米。从行政区划看，该中心城区范围包括了越秀区、荔湾区、海珠区全部范围，天河区绝大部分范围以及白云区南部范围。

根据广州城市建设与发展的现实情况，该范围可进一步划分为旧城（面积 18.54 平方千米）、核心区（面积 53.93 平方千米）和城区（面积 307.24 平方千米）3 个地域。其社区数量分别为 238 个、312 个、504 个（依据 2010 年第六次人口普查数据，下同）。研究区内有 11 个社区租房户数量为 0，因此剔除这 11 个无租金数据的社区，最终研究对象为 1043 个有租房户的社区。其中，位于核心区的珠江新城是广州的 CBD，珠江新城西塔可视作 CBD 的中心。

2. 数据来源与处理

主要基础地理信息数据来源于百度地图，社区边界的地理信息数据根据《广州市城市管理社区网络责任分区地图册》（广州市建设委员会和广州市城市管理委员会办公室，2007）绘制；社区租金、建筑特征（房龄、住房建筑面积、住房内部设施、租房户比例）因素、环境特征中的社会环境因素（失业率、流动人口比例）的相关数据来源于广州市第六次人口普查资料及其相关统计数据，数据时间是 2010 年 11 月；便利性特征（就业和购物便利性、社会公共服务便利性）和环境特征中的实体环境特征（优质环境实体可达性、厌恶型设施临近性）的相关位置数据根据 2012 年百度地图的 POI 点、线、面数据绘制。其中，厌恶型设施中的变电站、污水处理厂、垃圾填埋场、高压走廊等市政设施位置数据同时参考了《广州市城市总体规划（2011—2020 年）》相应现状图。由于便利性特征和实体环境特征因素的相关数据相对稳定，因而，存在一定的时间滞后性基本不会对研究结果产生影响。

| 第二章 |

城市住房的特征租金理论

　　本章在借鉴经典的特征价格理论基础上，提出和阐述了城市住房的特征租金理论框架。城市住房的特征租金理论可简要表述为：住房具有多种特征（如面积、房龄、便利性、区位条件等）差异，是一种异质性的可出租商品。这些特征共同决定了该住房的租金，住房租金就是其拥有各类特征的综合体现（货币体现）。该理论可作为分析住房租金影响因素和解释其形成机制的重要切入点。在此基础上，提出了城市住房特征的"四分法"构成要素及其指标体系。该要素体系将住房特征划分为建筑特征、便利性特征、环境特征、区位特征四个方面。其中，建筑特征可分为单户住房特有特征、整栋住房共有特征、小区建设特征三个方面；便利性特征主要包括交通出行便利性、就业便利性、就学便利性、商业服务便利性、公共服务与休闲游憩便利性等；环境特征包括优质环境或景观可达性、厌恶型设施临近性、建成环境、社会环境四个方面；区位特征取决于住房所在的地理位置，可根据距市中心距离、所处圈层、板块、区域、方位等方式评价。

第一节　城市住房的特征租金理论框架

一、特征租金理论构建的基础：特征价格理论

（一）特征价格理论概述

特征租金理论框架可借鉴特征价格理论。特征价格理论是当前住房价格影响因素研究中最常用的理论（Hill et al, 2020；Wen et al, 2019），源于1966年以兰卡斯特（Lancaster, 1966）为代表的新消费者理论，认为消费者并非从消费产品本身得到效用，真正的效用来自产品所拥有的特征及其提供的服务（程亚鹏，2010）。罗森（Rosen, 1974）基于供需理论，从需求方和供应方对产品特征的市场均衡展开分析，完成了特征价格分析的技术框架。同类产品，其包含的特征组合不同，价格也不同（Ohta, 1976）。

特征价格理论的基本思路，是一种具有多样性特征的商品（如住房），其价格可视作这些多样性特征的综合反映和表现。当商品的某一方面的特征发生变化时，商品的价格也会随之变化。例如，住房具有新旧、面积、楼层、朝向、楼层、外部环境等一系列特征，是一种典型的具有多样性特征的商品。这些特征的组合会影响购房者的选择，进而影响住房价格。一套住房的价格就是该住房所包含特征的边际价格或隐含价格的总和（Lancaster, 1966；Rosen, 1974；温海珍和贾生华，2004）。

（二）特征价格理论的两个假设前提

特征价格理论的两个假设前提是：商品的异质性和市场的隐含性。第一，商品的异质性体现在，商品的各类特征存在明显差异。商品的需求并不是基

于商品自身,而是因为商品所包含的各类特征。消费者购买商品并在使用过程中获得效用。该效用水平取决于商品所包含的各类特征的数量及组合。第二,市场的隐含性是指商品的交易和消费过程中,总价格和交易是可观测到和可获取的,但该商品的每个特征对应一个隐含市场,因此,该商品市场可认为是由多个特征的隐含市场构成(温海珍和贾生华,2004)。

(三) 特征价格函数和隐含价格函数的关系

特征价格函数与隐含价格函数的关系如图 2 – 1 所示。特征价格函数是指商品总价格与商品特征数量间的函数关系。以住房为例,住房的价格随某种特征 C_i(如面积)的增加而增加,但存在边际效用递减,因此,价格曲线的上升趋势逐渐趋缓。隐含价格函数的对象是商品特征。指在商品中的某一特征的隐含价格(边际价格)与该商品包含该特征数量之间的函数关系。例如,在某套住房中,随着特征 C_i(如面积)的增加,一般情况下,由于边际效用递减,该特征的隐含价格(边际价格)呈下降趋势(温海珍和贾生华,2004)。

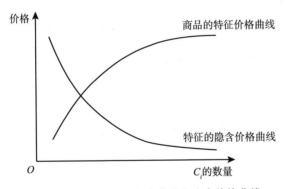

图 2 – 1 商品的特征价格曲线和隐含价格曲线

资料来源:根据"温海珍,贾生华. 住宅的特征与特征的价格——基于特征价格模型的分析 [J]. 浙江大学学报:工学版,2004(10):1338 – 1342"中的图片改绘。

(四) 商品特征的市场均衡分析

可根据图 2 – 2 理解商品特征的市场均衡过程及其相关曲线(温海珍和贾

生华，2004）。具有多个特征的商品（如住房），其价格可视为由多个特征组合构成的特征价格函数。商品的每个特征都对应一个隐含价格函数，这个函数客观存在，不受消费者的影响。当消费者购买具有复合特征的商品时，根据其消费偏好，形成消费者偏好的效用函数。消费者愿意为商品支付的价格（出价函数）就是商品所包含特征的函数。当商品每个特征对应的消费者出价函数的斜率与特征隐含价格相等时，消费者对商品特征的选择达到最优状态。在该状态下，消费者出价曲线与特征价格曲线相切。

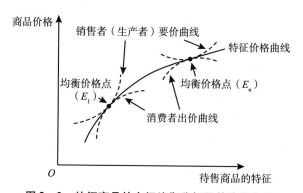

图 2 – 2　特征商品的市场均衡分析及其价格曲线

资料来源：根据"温海珍，贾生华. 住宅的特征与特征的价格——基于特征价格模型的分析［J］. 浙江大学学报：工学版，2004（10）：1338 – 1342"中的图片改绘。

　　商品的销售者（如住房开发商）在利润最大化原则下，根据同样原理可得到类似结果。即，销售者要价曲线和特征价格曲线相切时，销售者也达到最优选择状态。

　　市场均衡状态下，如果消费者和销售者在理性选择行为下，消费者追求效用最大化，销售者追求利润最大化，就会完成一次交易。此时对应图 2 – 2 中的一个点（E_1）。该点是消费者出价曲线、销售者要价曲线、特征价格函数曲线的相切点。当有出现较多的成功交易时，就相应形成多个均衡价格点（E_n），就可以根据回归方法构建特征价格模型，进而得到特征价格函数，并估算出这些特征的隐含价格（温海珍和贾生华，2004）。

（五）住房的特征价格模型

特征价格理论思路尤其适用于住房市场研究，因此，在研究住房价格及其影响因素时，常采用特征价格模型。住房市场特征价格理论的假设包括：住房市场是完全竞争的；开发商和购房者是理性的且可以自由进出市场；住房的买方和卖方对住房产品和价格拥有完全信息；所有购房者对于每个产品内部特征所带来的效用理解是相同的；假定特征价格函数是凸性的（王洋，2015）。

在上述理论假设的基础上，购房者对住房的每一个特征都会作出估价，所有特征的价格集合形成消费者出价曲线。同样，开发商也对住房的每个特征估价，形成开发商要价曲线。两个曲线相切时，即购房者的最高出价和开发商的最低要价相等时，完成了一次住房买卖交易，形成一个价格点。当出现多个成功交易时，就出现了多个点，这些点就构成了住房的特征价格曲线。该曲线通过特征价格模型的回归分析估计出来，进而可估算出住房的每个特征的隐含价格。当前的案例研究一般将这些住房特征划分为建筑特征、邻里特征和区位特征三类（Xiao et al，2019；温海珍和贾生华，2004；沈体雁等，2020）。

二、城市住房的特征租金理论框架

对城市住房租金影响因素的分析需要与之相适应的理论框架。尽管已有大多数研究成果都参考了特征价格理论的基本思路，但住房买卖与租赁的逻辑特点存在差别，仍需要构建专门适用于住房租金研究的理论框架。本书借鉴特征价格理论（适用于研究住房价格）的基本思路和出发点，结合住房租金形成的基本特点，提出适用于城市住房租赁价格研究的特征租金（hedonic rent，也可称为"享乐租金"）理论框架。虽然本书的理论框架借鉴了特征价格理论的基本思路，但住房租金相比于住房价格，本书的特征租金理论框架更加注重居住的使用效用。

（一）城市住房特征租金理论的假设条件

一种理论框架的构建都有其一定的适用条件和假设前提。研究住房租金的相关理论也是如此，因为住房租金的问题是复杂和多元的，租房市场双方的经济行为也是多样的。城市住房特征租金理论框架的构建也存在着相应的理论假设。这些假设包括：第一，待出租住房存在异质性和市场隐含性；第二，租房市场是完全竞争的市场；第三，出租方（房东）和承租方（租户）是理性的且可以自由进出市场而不受约束；第四，出租方和承租方对待租房源的基本特征和租金拥有完全信息；第五，所有承租方对于住房各类特征所带来的效用理解一致；第六，假定特征租金函数是凸性的。

上述假设基本符合我国城市（尤其是大城市）的租房市场特点。在租房市场中，每套待租住房都具有相应不同的住房条件和住房区位，具有典型的异质性。相比于购房市场，租房市场不受"限购"等房地产调控政策的影响，只要有相应的租金承受能力，基本可以租到市场上与之相对应的住房，这体现出租房市场具有完全竞争和自由进出的特点。随着我国大城市租房中介市场的发展和租房市场信息网络化进程的推进，出租方和承租方越来越能够获取到相对完整的租房市场信息，对于待租房源的基本特征和基本信息的理解也越来越成熟，这使得住房租赁双方更有可能拥有相对完全的信息，并对住房特征的效用理解相差不大。为了简化研究，本书不考虑不同人群对这些住房特征因素产生的不同偏好，即假定租房市场双方对住房的同一要素具有同向同等感受。

（二）城市住房的特征租金曲线

在上述理论假设的基础上，住房承租方的出价曲线和出租方的要价曲线都是由住房所含的一系列特征综合决定的，双方对住房的每一个特征都会做出估价。两个曲线相切时，即承租方（从效用最大化出发）的最高出价和出租方（从利益最大化出发）的最低要价相等，就完成了一次租赁交易，此时就形成了均衡租金，即特征租金。住房租赁市场中的多个交易过程就会产生多个住房特征租金点，这共同估计出了特征租金曲线。可以根据回归方法构建特征租金模型，并估算出这些特征的隐含租金。

这条特征租金曲线的形成可进一步通过图 2 - 3 理解。待租住房具有多个特征，每个特征都对应一个隐含价格函数，该函数不受承租方影响。当承租方租赁住房时，根据其对住房特征理解的居住偏好，形成承租方偏好的效用函数。承租方根据住房特征情况愿意为这些特征所支付的租金形成的函数就是承租方出价函数。住房特征越好（或数量越多），承租方愿意支付的租金就越高。当住房每个特征对应的承租方出价函数的斜率与特征隐含租金相等时，承租方对住房特征的选择达到最优结果。此时，承租方出价曲线与特征租金曲线相切。同样原理，出租方要价曲线和特征价格曲线相切时，出租方也达到最优状态。在租房市场的均衡状态和市场参与方的理性选择下，承租方追求效用最大化，出租方追求利润最大化，承租方出价曲线与出租方要价曲线相切，形成均衡租金。即，该均衡租金是承租方（消费者）从效用最大化出发根据住房特征判断的最高租金出价（或承受价）与出租方（供给者）从利益最大化出发根据住房特征判断的最低出价（或心里接受的底价）的交汇点。此时，承租方出价曲线、出租方要价曲线、特征租金曲线三者相切，完成了一次基于待租住房特征的租赁交易（对应图 2 - 3 中的点 E_1）。在城市住房中，区位不同、便利性不同、面积不同、房龄不同，租金显然不会相同。在住房租赁市场中，根据上述过程，不同住房会形成多个不同的均衡租金点（E_n），这些点共同形成了特征租金曲线。

因此，承租方或出租方对每一个特征都会做出估价，所有特征的租金的集合形成住房的市场租金。但是这一过程并不能在住房租赁市场中显性地显示出来，而是隐含在住房租金当中，所以这些特征的租金称为隐含租金，可通过特征租金模型（如回归模型）估计出来。因此特征租金理论实际上是同时建立在租房供需理论和租房效用理论的基础之上。住房租金就是住房特征的综合体现，当待租住房的某一特征发生变化时，租金也会随之发生改变（王洋等，2021）。

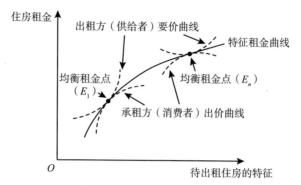

图2-3 基于租房市场双方均衡状态下的特征租金曲线形成

资料来源：根据"温海珍，贾生华.住宅的特征与特征的价格——基于特征价格模型的分析［J］.浙江大学学报：工学版，2004（10）：1338-1342"中的图片改绘。

（三）城市住房的特征租金理论框架

城市住房的特征租金理论可简要表述为：住房具有多种特征（如面积、房龄、便利性、区位条件等）差异，是一种异质性的可出租商品。这些特征共同决定了该住房的租金，住房租金就是其拥有各类特征的综合体现（货币体现）。在该理论视角下，住房特征对住房租金的影响机制可简述为：在租房市场中，住房特征决定了承租方的居住效用，进而影响了承租方对该住房的租金认可价。同样，住房特征也决定了出租方对住房拥有的居住价值（租金）的判断，从而影响了出租方的租金要价。当承租方的认可价和出租方的要价出现市场均衡状态时，即形成了住房租金（如图2-4所示）。当住房的某一特征变化时，住房租金也相应随之变化。这就是特征租金理论的核心框架。该理论可作为解释住房租金影响因素和形成机制的重要切入点（王洋等，2021）。

从特征租金的理论角度理解，租房者租赁住房的效用来自该住房所拥有的特征及租住感受，出租者的要价也受到住房特征影响。这样，影响住房租金的因素实际上就是住房拥有的各类特征。这些特征在多大程度上影响住房租金，就需要构建相应的特征租金模型进行定量分析。

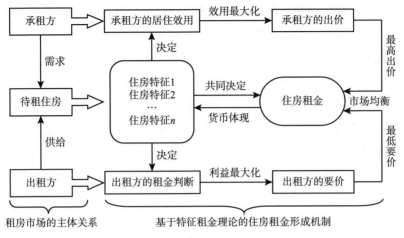

图 2 – 4　城市住房的特征租金理论核心框架

第二节　特征租金理论下城市住房特征的构成要素与指标体系

一、租房视角下城市住房特征的构成要素及特征指标体系

传统特征价格模型通常将住房特征划分为结构（或建筑）特征、邻里特征及区位特征三个方面，并广泛应用到住房租金因素的案例研究中（Nishi et al，2019；杜超等，2019）。但住房买卖与租赁的逻辑存在差别，仍需要构建专门适用于特征租金理论特点的住房特征要素构成体系。在特征租金理论视角下，本书提出将住房特征划分为建筑特征、便利性特征、环境特征、区位特征四个方面，形成特征租金模型的"四分法"要素框架。第一，建筑特征是指住房自身及其所在楼栋和小区的特征，这种特征由住房自身决定，不受区位的影响。建筑特征可进一步划分为单户住房特有特征、整栋住房共有特征、小区建设特征。第二，便利性是租房者的重要导向性因素，便利性特征主要包括交通出行便利性、就业便利性、就学便利性、商业服务便利性、

公共服务与休闲游憩便利性等。对上述便利性的判断往往可以采用上述设施的可达性进行评价。第三，环境特征可划分为四个方面：一是优质环境或景观（如绿地、水域等）可达性；二是厌恶型设施临近性；三是建成环境；四是社会环境。因此，这里的环境既包括自然环境和建成环境，也包括社会环境。第四，区位特征取决于住房所在的地理位置。通常可根据距市中心距离、所处圈层、板块、区域、方位等方式判断，不同的区位条件决定了住房的便利性和环境差异，也体现了产业、创新要素、人口分布（人气）等片区基本面差异。因此，在构建特征租金模型时，可从上述方面选取相应的变量（如图 2-5 所示）。

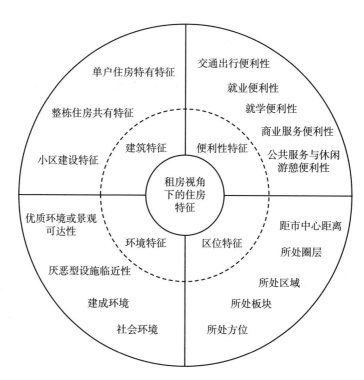

图 2-5 租房视角下的住房特征要素构成总体框架

本书构建的特征租金模型"四分法"要素框架与传统特征价格模型的"三分法"有所区别。特征租金模型突出便利性特征，并且将环境特征单列。

原因在于：第一，在传统的特征价格模型中，便利性相关因素往往被归入邻里特征或区位特征中。与住房买卖相比，便利性是租房户关注的重要方面。租房户在居住选择时，一般有"为了工作方便""为了孩子上学方便""为了消费方便"这三种驱动导向，这都与便利性相关。因此，将便利性单独划分出来，符合租房的特点。第二，居住环境是居民租房选择过程中的重要方面，往往倾向于亲近优质的环境景观，远离消极（污染）的环境景观。而在传统特征价格模型的"三分法"中，环境因素从属于邻里特征或区位特征。第三，本书提出的特征租金模型不再保留邻里特征，原因是，在中国城市，邻里特征可以有两种理解：一种是具有一定规模居住小区的自身特征；另一种是住房周边的设施（如公共服务设施、公园、地铁）情况。前者也可被划分至建筑（结构）特征，后者也可被划分至区位特征。因此，为了避免歧义，将传统特征价格模型中邻里特征的要素进行拆分，这更适用于租房市场情形（王洋等，2021）。

在本书构建的"四分法"住房特征及其构成要素框架的基础上，在分析住房租金的影响因素时，可从如下方面构建住房特征指标体系。在案例研究中，可根据所在城市的特点和数据的可获得性，在这些特征指标体系中遴选部分因素开展研究。各细分特征领域的代表性特征指标如表2-1所示。

表2-1 租房视角下城市住房的主要特征指标

特征要素	细分特征领域	代表性特征指标
建筑特征	单户住房特有特征	建筑面积、所在楼层、朝向、装修程度、视野、通风、采光、住房设施、户型格局、住房间数
	整栋住房共有特征	房龄、建筑结构、是否有电梯、梯户比、总层数
	小区建设特征	物业管理水平、楼盘（或小区）档次、绿化水平、容积率、小区设施配套、停车位、开发商品牌、社会文化特征
便利性特征	交通出行便利性	地铁便利性、公交站点便利性、道路交通便利性
	就业便利性	主要就业地点的可达性
	就学便利性	幼儿园、小学、中学、大学的可达性

特征要素	细分特征领域	代表性特征指标
便利性特征	商业服务便利性	商场、购物中心、超市、餐饮、娱乐、市场等商业服务场所的可达性
	公共服务与休闲游憩便利性	文化、体育、医疗等各类公共服务设施可达性以及各类休闲游憩场所可达性
环境特征	优质环境或景观可达性	公园可达性、水域可达性、著名地标可达性
	厌恶型设施临近性	工厂、物流中心、批发中心、厌恶型交通设施（例如，飞机场、港口、火车站、汽车站、高速公路或高架路、加油站）、厌恶型市政设施（例如，污水处理厂、垃圾处理场、燃气站、发电厂、变电站、高压走廊、殡仪馆、墓地、信号发射塔）的临近性
	建成环境	人口密度、就业密度、建筑密度、土地利用混合度、道路交叉口密度、建筑尺度、步行空间的连续性、城市设计水平
	社会环境	学历层次、职业阶层、收入水平、失业率、犯罪率、流动人口、租房户比例
区位特征	地理位置	距市中心距离、所处圈层、板块、区域、方位

在构建特征租金模型时，可从上述方面选取相应的变量。建筑特征与住房及其所在楼盘（或小区）自身相关，租房者对建筑特征的选择属于"人房关系"研究范畴；便利性特征、环境特征、区位特征都由住房所处的地理位置决定，租房者与上述三类特征的关系属于"人地关系"研究范畴，其影响机制也更加复杂，是地理学关注的重点。

二、城市住房的建筑特征

建筑特征包括了单户住房特有特征、整栋住房共有特征、小区建设特征三个细分特征领域。其中，单户住房特有特征是指该住房自身独有的、与整栋楼其他住房有所差别的自身建筑特征，主要包括建筑面积、所在楼层、朝向、装修程度、视野、通风、采光、住房设施、户型格局、住房间数等；整栋住房共有特征指住房所在的整栋建筑共同拥有的建筑特征，主要包括房龄、建筑结构、是否有电梯、梯户比、总层数；小区建设特征是指住房所在小区/楼盘的综合特征，主要包括物业管理水平、楼盘（或小区）档次、绿化水平、容积率、小区设施配套、停车位、开发商品牌、社会文化特征等。已有一些案例研究表明，建筑特征的一些因素显著影响住房租金（Cao et al，2019；Gan et al，2016；Leung and Yiu，2019；Nakagawa et al，2007；张若曦和贾士军，2014；Wang et al，2021）。

（一）单户住房特有特征

1. 建筑面积

建筑面积体现了住房的宽敞程度，直接决定了住房的使用效用。对于整套住房租金总价，建筑面积往往与租金总价正相关。对于租金单价，如果租房者倾向于租住小户型住房，则建筑面积可能与租金单价负相关（王洋等，2021）。

2. 所在楼层

住房所在层数决定了租房者的垂直出行便利性（如爬楼梯）和采光、通风、视野、噪声情况等居住感受。不同类别的住房，其优劣评判的标准有所差异。对于电梯房（如高层或小高层住房），一般认为高楼层比低楼层更优；对于楼梯房（如多层无电梯住房），一般认为低层可减少爬楼梯的时间，垂直出行更为便利，比高楼层更优。但一般来讲，无论是电梯房还是楼梯房，底层和顶层不受租房者青睐。

3. 朝向

住房朝向决定了住房的日照情况。总体上，多朝向住房比单朝向住房更优。在北半球地区，当住房朝向的方位数量一致前提下，主朝向为南向最优，北向最差。东西相比，由于西向存在西晒，因此东向一般优于西向。如果进一步细分，朝向由优到劣分别为：南北通透、主朝向为南或东南、主朝向西南、东西通透、主朝向为东、主朝向为西、主朝向为东北、主朝向为西北、主朝向为北。

4. 装修程度

住房内部装修程度决定了住房的美观程度和居住感受，一般可分为豪华装修、高档装修（精装修）、中档装修、简单装修、毛坯房等。在租房市场，装修不仅体现在不可移动设施（如墙面、地面、厨卫、灯饰等）的装修程度，也体现在家具家电用品配置方面。不可移动设施的装修与家具家电用品配置往往相辅相成。当然，家具家电也可归纳为住房设施方面。

5. 视野

住房视野对居住者的心理有一定影响，也可影响居住舒适度。视野较好的住房，通风和自然光的采光往往也较好。一般来说，人们更加喜欢视野开阔、能够远望的住房，如果是望江景、湖景、海景、公园或丰富城市天际线景观的住房更受青睐。如果视野不佳，被物体遮挡明显，或望到的景观较为负面（如望高架路、墓地、高压线、垃圾场、通讯塔、破旧建筑等），则会降低住房的租住体验和舒适度。

6. 通风

通风是影响住房卫生情况和居住舒适程度的不可忽视因素。住房是否有窗，窗的位置和大小，有无建筑物明显遮挡可决定住房的通风程度。在住房有窗且无明显遮挡的情况下，住房朝向情况对通风影响较大。一般地，通透（如南北通透、东西通透）的住房通风情况较好，主朝向面向该城市主风向的住房，通风较优，高层住房的通风情况优于低层住房。

7. 采光

采光不仅决定住房内部的亮度，也决定晾晒衣物的便利程度。因此，采光情况决定了租住的舒适度和卫生情况，也影响租房者的心理情况。日照情况是决定住房采光情况的重要基础性因素。朝向、层数、建筑遮挡、窗户面积共同决定了日照。对于自然光，视野、窗户面积、住房进深情况是重要决定因素。

8. 住房设施

住房设施主要包括厨卫、水电煤气、家具家电等方面。其中，第六次人口普查资料对厨房、主要炊事燃料、自来水、洗澡设施、厕所 5 项子类型指标进行了普查。可以认为，上述 5 项是较具代表性的设施类别。人口普查资料将上述 5 项设施分类如下：厨房分为本户独立使用厨房、本户与其他户合用厨房、无厨房 3 种情况；主要炊事燃料可分为燃气、电、煤炭、柴草、其他 5 种情况，一般来说，是否有燃气是最主要的评判标准；自来水一般以有无管道自来水的标准评判；洗澡设施可分为统一供热水、家庭自装热水器、其他方式、无洗澡设施 4 种情况；厕所可划分为独立使用抽水式、合用抽水式、独立使用其他样式、合用其他样式、无厕所 5 种情况，是否有厕所、是否独立使用是评价住房厕所水平的重要标准（王洋，2017）。上述 5 项子类型指标体现了住房的基础设施配置标准。在此基础上，家具家电也是住房设施的重要组成部分。在租房市场中，住房设施的配置情况对租金的影响不可忽视，是重要的住房特征。

9. 户型格局

户型格局的优劣体现出住房的设计水平。虽然其评判标准因人而异，但在住房面积一定的情况下，可从户型总体格局形态、空间使用功能分区、日常起居生活习惯符合程度三个方面评价户型格局。在户型总体格局形态方面，租房者更倾向于房型方正、长宽比适宜、无棱角、无拐角、形态舒适实用的住房；在空间使用功能分区方面，动静分区、干湿分离的住房更受租房者青睐；在日常起居生活习惯符合程度方面，厨房出门即餐厅、卫生间和厨房有所隔离、客厅配有大阳台（有充足的光线）等情况较佳。住房格局可间接影响住房的采光、通风情况和日常居住感受。

10. 住房间数

住房间数是指每户住房的房间总数。一般地，住房间数越多，住房租金总价越高。在住房面积一定的前提下，住房间数越多表明住房的设计越紧凑，使用功能越丰富，往往更受租户欢迎，租金单价也越高。尤其是卧室数对住房租金的影响较大。例如，同样面积的住房，在其他类别房间数量一致的前提下，拥有 2 个卧室的住房比仅拥有 1 个卧室的住房往往更受欢迎，租金单价也更高。

（二）整栋住房共有特征

整栋住房共有特征指住房所在的整栋建筑共同拥有的建筑特征，主要包括房龄、建筑结构、是否有电梯、梯户比、总层数。

1. 房龄

房龄由建成年代决定，建成年代指住房建成并交付使用的年份。房龄是住房新旧程度的重要代表性指标。由新到旧可依次称为新房、次新房、老房、旧房、极旧房。一般地，随着房龄的增加，住房逐渐老化，建筑面貌也逐渐过时，住房的各类设施也容易随之老化，使得租住体验下降。

2. 建筑结构

建筑结构是指在建筑物（包括构筑物）中，由建筑材料做成用来承受各种荷载或者作用，以起骨架作用的空间受力体系（董增辉，2013），也可称为建筑的承重类型。以 2010 年第六次人口普查资料为例，该普查租赁将建筑结构分为钢及钢筋混凝土结构、混合结构、砖木结构、其他结构。一般来讲，为钢及钢筋混凝土结构优于混合结构，混合结构优于砖木结构。

3. 是否有电梯

电梯是决定住房垂直交通便利程度的重要设备。尤其是对于楼层较高的住房更是如此。一般情况下，有电梯住房的租金相对更高。

4. 梯户比

电梯楼和楼梯楼的梯户比概念有所差别。对于电梯楼，梯户比是指楼栋某单元中电梯数与每层楼住房（住户）数的比例。对于楼梯楼（一般是一部楼梯），梯户比是指每个单元中楼梯数与每层楼住房（住户）数的比例。梯户比的比值越小，共用电梯（或楼梯）的户数越多，垂直交通越拥挤，私密性相对越差，居住体验越差。例如，1 梯 2 户的住房优于 1 梯 6 户的住房。

5. 总层数

住房的建筑总层数与消防安全、居住拥挤程度、日常维护等居住体验相关。建筑总层数越高，消防救援难度越大，垂直交通（乘电梯）的拥挤程度越高，日常维护的费用和要求越高。因此，在其他条件一致的情况下，总层数越低的住房，居住体验往往越好。

（三）小区建设特征

1. 物业管理水平

小区物业管理水平对租房居住体验的影响较大。物业管理水平与住房的折旧速度、小区面貌、小区设施的使用和维护、安全状况、居住服务体验等方面密切相关。一般地，有物业管理的小区优于无物业管理的小区；有专业物业管理公司的小区优于其他类型物业管理的小区。鲁羽西等（2019）的案例研究表明物业管理水平显著影响住房租金。

2. 楼盘（或小区）档次

楼盘（或小区）档次是租房者对楼盘（或小区）整体设施配置、建设风貌、设计水平、人文环境的综合感受。一般地，楼盘（或小区）档次取决于住房建设时的整体定位。定位为高档楼盘的商品房，其档次往往较高，而拆迁安置房、保障性住房、经济适用房、廉租房、房改房、老公房等类型的住房，其小区档次往往较低。

3. 绿化水平

绿化水平可通过小区绿地率和绿化覆盖率 2 项指标定量评价，也可根据绿化整体配置水平、植物档次、绿化维护保养情况等方面综合评价。树木或植物具有降尘、降噪、遮阳、美化、观赏等功能,因此,小区绿化水平决定了小区居住环境,并影响租房居住体验。尹上岗等(2018)的案例研究表明,小区绿化率对住房租金有显著影响。

4. 容积率

容积率一般是指小区(地上)总建筑面积与小区用地面积的比值。容积率决定了土地使用强度,直接影响居住的拥挤程度和舒适度(孟元元,2012),也决定了开发商的地价成本占住房的比例。在其他条件不变的前提下,容积率越低,租住的舒适程度越高。过高的容积率容易带来小区人口密度过大、居住拥挤、出行拥堵等问题,降低租住体验。

5. 小区设施配套

小区设施配套影响着小区档次,主要包括教育配套(如小区自带的幼儿园)、运动设施配套(如游泳池、运动场地、运动器材等)、商业服务配套(如便利店)、文化娱乐配套(如会所)等。这些配套设施的数量、质量和完备程度影响着租房的居住体验。

6. 停车位

小区停车位可从停车位数量和停车方式两个方面评价。停车位数量(一般指户均车位数)是否充足决定了有车租户驾车出行的便利性。车位不足将导致停车难、道路拥挤、车辆占用其他公共空间等问题。停车方式主要分为地面停车、地下停车、专用车库停车等。一般地,地下停车可使小区实现人车分流,进而使小区居民的内部活动更安全。

7. 开发商品牌

在居民印象中,小区的开发商品牌是影响小区建设质量、档次、设计和管理服务水平的因素之一。著名品牌开发商开发的楼盘(小区)往往更受居民信任和青睐,后续物业管理和维护也往往较好。因此,著名开发商品牌的住房往往有更高的溢价，这也间接提升租金水平。

8. 社会文化特征

小区的社会文化特征体现了小区的"软环境"。居民的社会阶层、职业、教育、综合素质、邻里相处氛围、居住稳定性、安全、心理感知等社会文化特征都决定了小区的"软环境"。租房者在租房选择过程中，小区的社会文化特征也是其考虑的重要因素。

三、城市住房的便利性特征

便利性特征的细分领域及其代表性指标如下：第一，交通出行便利性的代表性指标包括地铁便利性、公交站点便利性、道路交通便利性；第二，就业便利性根据主要就业地点的可达性评价；第三，就学便利性主要指幼儿园、小学、中学、大学的可达性；第四，商业服务便利性一般可通过商场、购物中心、超市、餐饮、娱乐、市场等商业服务场所的可达性评价；第五，公共服务与休闲游憩便利性包括文化、体育、医疗等各类公共服务设施可达性和各类休闲游憩场所可达性。上述便利性特征可影响居民的居住区位选择（Cervero and Wu，1997；Humphreys and Ahern，2019；Kim et al，2005），进而影响住房租金。

（一）交通出行便利性

1. 地铁便利性

地铁是城市大运量的轨道公共交通，具有安全、准时的特点（姜川，2017），对租房者日常通勤的作用很大。很多租房者在租房时，都是沿着通往就业地沿线的地铁站寻找房源。一些案例研究证明了地铁可达性对住房租金具有显著的正向影响（Efthymiou and Antoniou，2013；Cui et al，2018；冯友建和陈天一，2020）。因此，地铁便利性对住房租金的影响较为明显，地铁通行越便利，租金往往越高。

2. 公交站点便利性

对于不通地铁的城市或板块，公交车仍然是公共交通出行的最重要方式。距公交站点的距离、公交站点的发车密度，途径公交站点的公交车线路情况及拥挤程度等都影响着公共交通的便利性，也在一定程度上影响租金。

3. 道路交通便利性

住房所在区域（板块）的道路密度、道路宽度，道路车辆拥挤程度、道路通达性和可达性等指标决定了道路交通出行的便利程度。案例研究表明，道路可达性影响住房租金（D'Arcangelo，2015；杜超等，2019）。一般地，道路基础设施建设越完善，通行越通畅，道路交通便利性越好。

（二）就业便利性

就业便利性可根据主要就业地点的可达性评价。从城市内部的区域或板块看，CBD、产业集聚区、科技园区、行政办公集聚区等是典型的就业集中区域。写字楼、机关事业单位、企业、各类产业园区和科技园区等是主要就业场所。"为了工作方便"是租房区位选择的重要导向性因素，因此，可根据上述就业场所的可达性测度住房的就业便利性。已有案例研究证明了就业便利性对住房租金的正向影响（Cui et al，2018）。就业便利性程度越高，租金往往越高（王洋等，2021）。

（三）就学便利性

家长为了孩子上学方便往往会选择租住在幼儿园或中小学附近。大学生或相关人员为了学习（或实习、备考）方便也常会选择租住在大学附近。因此，就学便利性（学校的可达性）也是这部分租房者居住区位选择考虑的重要因素。有研究表明高质量学校可达性对住房租金有显著的正向影响（Haurin and Brasington，1996）。

(四) 商业服务便利性

租房者在租房选择过程中，其周边日常生活服务和购物是否便利也是需要考虑的因素。影响商业服务便利性的场所一般包括商场、购物中心、超市、餐饮场所、娱乐场所、市场等。一方面，距这些场所的可达性影响着租房者日常购物、消费、休闲娱乐、社交等活动的便利程度；另一方面，距离商业服务设施过近，或周边商业服务设施过多过密也带来了噪声、污染、混乱、拥堵等负面影响，进而降低居住品质和居住体验。因此，商业服务便利性对租金的影响有两面性。

(五) 公共服务与休闲游憩便利性

1. 文化和体育场所可达性

文化馆、博物馆、展览馆、图书馆、少年宫等文化场所和各类体育场、体育馆、运动设施等体育场所的可达性决定了租房者日常文体活动的便利程度。因此，理论上，文化和体育场所可达性与租金正相关。

2. 医疗场所可达性

医疗场所（尤其是高等级医院）可达性对租金的影响有正负两方面。一方面，医院作为公共服务设施，可达性较好可使租户就医更便利，也会吸引一些就医的病人及其家属临时租住在附近；另一方面，医院对周边环境带来"污染"和拥挤，也被视作"厌恶型设施"。因此，医疗场所可达性对租金的影响方向尚不明确。

3. 休闲游憩场所可达性

休闲游憩场所便于人们享受生活和消费，也为居民提供了交往空间。因此理论上，休闲游憩场所对租金有正向影响作用。

四、城市住房的环境特征

环境特征的细分领域及其代表性指标如下：第一，优质环境或景观可达性包括公园可达性、水域可达性、著名地标可达性等方面。第二，厌恶型设施临近性主要包括工厂、物流中心、批发中心、厌恶型交通设施（例如，飞机场、港口、火车站、汽车站、高速公路或高架路、加油站）、厌恶型市政设施（例如，污水处理厂、垃圾处理场、燃气站、发电厂、变电站、高压走廊、殡仪馆、墓地、信号发射塔）的临近性程度。一般地，越临近厌恶型设施，住房租金越低。第三，建成环境主要包括：人口密度、就业密度、建筑密度、土地利用混合度、道路交叉口密度、建筑尺度、城市设计水平等。第四，社会环境主要包括居民的学历层次、职业阶层、收入水平、失业率、犯罪率、流动人口、租房户比例等方面。

（一）优质环境或景观可达性

1. 公园可达性

公园（也包括森林、休闲绿地、开敞性公共活动空间等，下同）不仅可带来景观的愉悦，也具有改善环境（如净化空气）和改善小气候（如降低城市的热岛效应）等作用，同时也可为居民提供日常休闲场所。在理论上，临近公园将有利于住房租金的提升。

2. 水域可达性

这里的水域包括河流、湖泊、海洋等。滨水区域（如滨河、滨湖、滨海区域）往往是城市中宝贵的优质空间。水域可调节小气候，同时具有景观和休闲功能。因此，一般情况下，水域可达性与环境正相关，是住房租金的正向影响因素。

3. 著名地标可达性

地标是城市的标志，包括重要地标性的建筑、区域、景区等。例如，北京的天安门、上海的东方明珠塔、杭州的西湖、广州的珠江新城、扬州的文昌阁等。在理论上，著名地标可达性正向影响住房租金。

（二）厌恶型设施临近性

1. 工厂临近性

工厂（尤其是有一定污染的工厂）在生产过程中对周边区域可能带来噪声污染、空气污染等环境负面影响。工厂的原材料和产品在对外运输过程中也容易对周边区域产生交通压力和货运噪声。因此理论上，越临近工厂的住房，其环境越差，租金越低。

2. 物流中心临近性

物流中心周边往往会集聚较多的大型货运车辆，车辆的进出和行驶容易给附近带来交通拥堵和噪声，并给居民带来负面的环境感受。因此，临近物流中心的片区居住环境相对较差，租金可能较低。

3. 专业批发市场临近性

专业批发市场周边的人流量和车流量较大，人口构成较为复杂，容易对城市安全和城市环境造成负面影响。并且，专业批发市场附近也常有货车通行，带来交通拥堵和噪声。一些农产品、水产产品、畜产品批发市场还可能带来卫生问题。理论上，临近专业批发市场将降低住房租金水平。

4. 厌恶型交通设施临近性

厌恶型交通设施包括交通枢纽设施（如机场、火车站、长途汽车站、港口）、影响环境的主要交通走廊（如公路、高架公路、铁路）和加油站三类。厌恶型的交通枢纽设施可能给周边区域带来较多的车流和出行人流，对交通出行造成拥堵，也容易给社会环境带来一定的负面影响。厌恶型的交通走廊容易为临近住房带来噪声影响和负面的景观影响。加油站对临近区域带来一定的气味污染、噪声和交通流，也带来一定的安全隐患。因此在理论上，越临近厌恶型交通设施，其居住舒适度越差，住房租金越低。

5. 厌恶型市政设施临近性

厌恶型市政设施主要有污水处理厂、垃圾处理场、燃气站、发电厂、变电站、高压走廊、殡仪馆、墓地、信号发射塔等。这些市政设施容易在空气质量、气味、辐射、卫生、噪声、安全、心理等方面对周边临近区域产生（或潜在产生）负面环境影响，从而降低居住价值，进而降低租金。一些案例研究证明了噪声（Zambrano-Monserrate and Ruano，2019）和污水排水渠气味（Muhammad，2017）等负面环境因素对住房租金有负向影响。

（三）建成环境

建成环境源于城市形态，可认为是人类生产生活的日常活动形成的人居环境状态，是地理环境的一种表现形式，主要体现为土地利用和城市设计等物质空间形态（Cervero and Kockelman，1997；杨励雅和王振波，2019）。经典的建成环境主要从密度、多样性和设计三个方面评价（Cervero and Kockelman，1997）。其中，密度可细分为人口密度、就业密度、建筑密度等；多样性主要根据土地利用混合度评价；设计可从道路交叉口密度、建筑尺度、步行空间的连续性、城市设计水平等方面体现。

1. 密度

建成环境中的密度要素主要从人口密度、就业密度、建筑密度等方面体现（程开明和李金昌，2007）。一般地，拥有较高人口、就业和建筑密度的片区，其活力和氛围较好，人气较旺，其住房租金往往较高。密度过低会带来荒凉和不安全感，使得建成环境不佳。但密度需要在一定的适宜范围内，如果密度过高（超过了适宜范围），会对环境带来拥挤和压抑感，进而对建成环境带来负面影响，进而降低租金水平。

2. 多样性

土地利用混合度是体现多样性的重要指标。已有研究证明，"积极功能"

的土地混合利用会增加功能的多样性，提升建成环境质量。例如，商业与居住功能的混合（Rundle et al，2007）、零售、办公和公园等功能的混合（Zhang et al，2012）。因此，"积极功能"的土地利用混合度越高，建成环境越好，其租金往往也越高。但如果混入过多"消极功能"的土地，例如，工业用地和交通基础设施用地，将对居住和日常生活带来噪声、污染等负面影响，进而降低建成环境质量。因此，融入"消极功能用地"的土地利用混合度越高，其租金可能越低。

3. 设计

片区的设计水平可体现在道路交叉口密度、建筑尺度、步行空间的连续性、城市设计总体水平等方面。合理优质的城市设计可提升居民的生活便利程度，增强居民对环境的正面感知和幸福感。因而，优质的城市设计将提升租金水平。

（四）社会环境

社会环境是城市环境中的重要组成部分，是决定居民住房区位选择过程中的重要因素（Jiang et al，2017），已有少量研究关注到了社会环境中的一些构成因素对住房租金的影响。例如，王洋等（Wang et al，2021）的研究表明，学历、职业阶层、流动人口、租房户比例显著影响住房租金。

人的社会属性（例如，职业、收入、教育、就业）等特征决定了社会环境，不同社会属性的居民居住在城市不同区域，就在空间上形成了社会环境分异。马克思主义学派、结构主义学派、社会空间统一体理论都认为社会环境是居住决策过程中的一个重要维度，居民的居住选择反过来也影响和决定了社会环境（Harvey，1973；Cassel and Mendelsohn，1985）。社会环境既决定租房供给特征，也影响着居民的租房区位决策，进而影响了租房价格，对于社会环境较差的区域，片区/社区满意度较差（Basolo and Yerena，2017），具有一定租金支付能力的租房者大多采取回避的态度，使其租金往往较低。

社会环境可根据片区（或街道、社区，下同）内居民的学历层次、职业阶层、收入水平、失业率、犯罪率、流动人口、租房户比例等方面综合评价。

1. 学历层次

一般地，片区内居民的学历层次越高，其受教育水平和素质越高，社会环境越好。第六次人口普查资料中将教育水平由高到低依次划分为研究生（含博士研究生和硕士研究生）、大学本科、大学专科、高中、初中、小学、未上过学七类。对于片区学历层次水平的评价可采用两种方法。一是可以将各类学历层次人群赋分（学历越高，赋分越高），然后根据各学历层次人口比例，通过加权求和方式计算出总得分（王洋，2017）。二是计算高学历层次人口比例，例如，大学本科及以上人口占总人口（指 6 岁及以上人口）的比例（Wang et al，2021）。理论上，片区居民的学历层次越高，社会环境越好，住房租金水平越高。

2. 职业阶层

职业阶层可在一定程度上体现出居民的社会经济等级地位和威望，是划分社会阶层的重要视角（王洋等，2017c），进而体现出社会环境。对于职业阶层的划分，陆学艺（2002）结合中国的实际情况，从组织资源、经济资源、文化资源三维视角出发，提出了"五大社会经济等级 + 十大社会阶层"的划分标准，将其作为中国社会阶层划分的切入点。为了与第六次人口普查资料的职业划分方式相对应，可将职业阶层划分为国家与社会管理者阶层（国家机关、党群组织、事业单位负责人）、企业负责人阶层、专业技术人员阶层、办事人员阶层、个体工商户与商业服务业员工阶层、产业工人阶层（生产、运输设备操作人员及有关人员）、农业劳动者阶层（农、林、牧、渔、水利业生产人员）、无业和失业者阶层八个阶层。对于片区职业阶层的评价可采用两种方法。一是将各类职业阶层人群赋分（职业阶层等级越高，赋分越高），然后根据各职业阶层人口比例，通过加权求和方式计算出总得分（王洋等，2017c）。二是计算一定等级的职业阶层人口比例。例如，计算第一、第二、第三等级职业阶层人口占总人口（指劳动年龄人口）的比例。理论上，片区居民的职业阶层越高，社会环境越好，住房租金水平也相应越高。

3. 收入水平

居民收入水平是居民经济实力的体现，也是表征居民社会阶层的重要指标。一般而言，居民收入水平越高的片区，其社会环境越好。例如，"富人区""贫民区"等说法就是依据其所住居民的收入等级定义的。收入通常包含工资性收入、非工资性收入、礼金收入这三类（王洋，2017）。收入可体现为具体数字，或数字区间范围，可通过典型调查方式获取。高收入水平片区的住房租金往往较高。

4. 失业率

失业率是衡量片区安全感和吸引力的重要指标，也是表征社会环境的指标之一。失业率较高的片区，社会不稳定性程度可能更高。研究表明，失业率上升将导致犯罪率上升（Raphael and Winter-Ebmer，2001）。另外，较高失业率的片区，其总体收入水平往往较低，因而对住房租金的承受能力较差。理论上，失业率越高，片区的社会环境越差，其租金水平越低。

5. 犯罪率

犯罪率是表征社会环境的重要指标，可体现片区的公共安全程度。居民在居住区位选择过程中，往往倾向于居住在犯罪率较低、安全感较强的片区（Collinson and Ganong，2018）。因此在理论上，犯罪率较高的片区，其租金往往较低。

6. 流动人口

流动人口对社会环境有正反两方面影响。一方面，流动人口体现了片区的活力和吸引力。越发达、越有吸引力的城市或片区，流动人口的比例和数量往往越高。因此，从这个角度看，流动人口对社会环境有正面的影响。另一方面，从城市安全的角度看，流动人口数据与犯罪率有明显的正相关关系，流动人口越多，犯罪率越高（Cahill and Mulligan，2007）。因此，流动人口集聚的片区，社会安全性和稳定性相对较低。从这个角度看，片区的流动人口比例越高，社会环境越差。综上所述，理论上流动人口对住房租金有正负两种影响。但从租房需求角度看，由于流动人口租房的概率较大，因而流动人口较高的片区，租房需求更旺盛，租金可能较高，这在广州都市区的案例研究中得以证实（Wang et al，2021）。

7. 租房户比例

居民是否拥有住房产权决定其社会分层情况（Saunders，1978），随着房价的快速上涨，有住房产权阶层和无住房产权阶层的财富差距进一步增大，形成了阶层分化（Huang and Jiang，2009；Yi and Huang，2014）。多数租房户属于无产权阶层，其社会阶层往往要低于有产权阶层。有研究表明，片区内的出租屋比重越高，其暴力犯罪率越高（Lockwood，2007）；另外，居住在出租屋中的人口稳定性往往较差，使得片区的安全性降低。因此，在一般情况下，片区的租房户比例越高，社会环境越差，租金水平越低。

五、城市住房的区位特征

区位特征由住房所在的地理位置决定，可从距市中心距离、所处圈层、板块、区域、方位等方面评判。在实际案例研究中，一般选择其中代表性的1种或2种即可。不同的区位特征决定了住房的便利性和环境差异，也体现了产业、创新要素、人口分布（人气）等片区基本面差异。区位是住房选择过程中考虑的重要因素（Schirmer et al，2014）。

1. 距市中心距离

在住房建筑特征不变的假设前提下，距市中心距离越近的住房，区位条件越好，居住便利性程度越高，租金往往越高。CBD往往视作城市中心，距CBD距离是评价区位特征最常用的度量标准（Wang et al，2020；Wu et al，2015）。

2. 所处圈层

一般而言，城市内圈层（例如核心区）的居住人气最高，生活相对便利，同时也是就业集聚地。因此，其住房租金要高于外圈层（郊区）。

3. 所处板块或区域

城市内部不同板块或区域的发展水平往往存在不均衡现象。例如，有些板块或区域的发展水平较高，建成环境较好，公共服务资源集聚，创新型产业集中，对人口的吸纳能力较强。这类板块或区域的住房租金就会相对较高。

4. 所处方位

多数城市内部不同方位的发展水平存在差异。在其他条件一致的前提下，处于优越方位住房的租金往往更高。例如，北京的北部优于南部，深圳的西部优于东部，成都的南部优于北部。这种方位差异的一种重要体现形式就是住房租金水平的差异。

第三章

城市住房的特征租金模型与空间评价方法

　　本章提出了城市住房特征租金模型的基本形式，介绍了其常用估计方法，列举了城市住房租金的空间差异评价与空间统计分析方法。特征租金模型由建筑特征、便利性特征、环境特征、区位特征构成，常用的估算模型包括普通最小二乘法线性回归模型、空间滞后模型、空间误差模型、地理加权回归模型、半参数地理加权回归模型、多尺度地理加权回归模型等。城市住房租金的空间差异测度方法包括变异系数、基尼系数、泰尔指数、广义熵、阿特金森指数、总体差异测度指数、特定方向差异指数等。城市住房租金的空间统计分析方法包括：核密度函数及其热点区分析、趋势面分析、半变异函数分析、全局空间自相关分析、局部空间自相关分析、平均最邻近距离分析、缓冲区及其空间覆盖范围分析等。

第一节　城市住房特征租金模型的
基本形式与常用表达式

　　根据前述的特征租金理论框架和要素构成，构建出城市住房特征租金模型的基本形式。该模型可以是全局回归模型，也可以是局部回归模型。常用的全局回归模型包括普通最小二乘法（OLS）线性回归模型、空间滞后模型（SLM）、空间误差模型（SEM）等；局部回归模型主要是地理加权回归模型（GWR），该模型还可进一步扩展为半参数地理加权回归模型（SGWR）和多尺度地理加权回归模型（MGWR）。

一、特征租金模型的基本形式

　　基于本书第二章的特征租金模型要素构成框架，特征租金模型的基本形式可表示如下：

$$HR = f(B, \ C, \ E, \ L) \tag{3-1}$$

　　式中，HR 代表特征租金；$f(B, \ C, \ E, \ L)$ 代表多元回归模型，可以是传统 OLS 线性回归模型，也可以是空间回归模型或其他类别的回归模型；B、C、E、L 分别代表建筑特征、便利性特征、环境特征、区位特征的指标集合。

　　前述特征租金模型的基本形式中，B、C、E、L 大类要素分别由其各自的特征表示：

$$B = \{b_1, \ b_2, \ \cdots, \ b_n\} \tag{3-2}$$

$$C = \{c_1, \ c_2, \ \cdots, \ c_m\} \tag{3-3}$$

$$E = \{e_1, \ e_2, \ \cdots, \ e_p\} \tag{3-4}$$

$$L = \{l_1, \ l_2, \ \cdots, \ l_q\} \tag{3-5}$$

　　式中，b，c，e，l 分别为各自大类要素的具体特征构成指标，是租金的具体影响因素。n，m，p，q 分别为相应大类要素的具体特征构成指标数量。因此，城市住房特征租金模型的基本形式还可表示为：

$$HR = f(b_1, b_2, \cdots, b_n, c_1, c_2, \cdots, c_m, e_1, e_2, \cdots, e_p, l_1, l_2, \cdots, l_q)$$
$$(3-6)$$

二、全局回归下的特征租金模型常用表达式

常用的全局回归模型包括普通最小二乘法（OLS）线性回归模型、空间滞后模型（SLM）、空间误差模型（SEM）等，其中，SLM 和 SEM 考虑到了住房租金的空间相互作用，使用时需要验证住房租金的空间相关性程度。

（一）基于 OLS 线性回归的特征租金模型

普通最小二乘法（OLS）是全局回归模型中最常用的方法，可用于研究住房租金（因变量）与一系列影响因素（自变量）之间的线性关系。OLS 模型的假设前提是变量间相互独立。该模型中，变量的空间信息被忽略。OLS 模型是特征租金模型的最常用表达式和基础表达式，可表示为（王洋等，2020）：

$$y_s = \beta X_s + \varepsilon_s, \left[\varepsilon_s \sim N(0, \delta^2 I) \right] \qquad (3-7)$$

式中，s 为研究区待出租的住房样本（或小区、社区）；y_s 是第 s 套住房的租金；X_s 为租金影响因素 i 维行向量（$i = 1, 2, \cdots, n$），表示第 i 个影响因素变量在第 s 套住房的观测值；β 为 i 维列向量，是这些因素变量相对应的回归系数；ε 是模型的误差项，$\varepsilon_s \sim N(0, \delta^2 I)$ 表示误差项服从正态分布，并且方差一致，即误差与协方差矩阵的积为 0；I 代表单位矩阵。根据研究需要和数据实际情况，可以将 y_s（住房租金）和 X_s 向量的各自变量（影响因素）同时取自然对数，形成全对数模型；如果仅对 y_s 和 X_s 向量的其中之一取自然对数，则形成半对数模型。通过取自然对数对变量进行标准化处理，可以消除变量量纲差异对结果的影响，便于比较不同因素对住房租金的影响程度。

（二）基于空间回归的特征租金模型

临近住房间的租金往往存在空间相互作用，即空间相关性。托卜勒（Tobler，1970）提出"一切事物都与其他事物相关，相近的事物比遥远的事物更相关"的研究假设。因此，空间回归可以证明邻近区域的变量是否比遥远区域的变量更重要。传统的线性模型（如 OLS）假设变量相互独立，没有考虑到住房存在的空间相互作用。空间回归模型可以解决该问题。常用的模型包括空间滞后模型（SLM）和空间误差模型（SLM）等。

1. 基于 SLM 的特征租金模型

空间滞后模型（SLM）考虑到了某住房的租金对其他邻近住房租金的影响，即空间溢出效应，是空间回归模型的一种形式。SLM 模型可表示为（Wang et al，2017；Anselin et al，2006；LeSage and Pace，2009；Anselin，1988）：

$$y_s = \rho \sum_{j=1}^{n} W_{sj}y_j + \beta X_s + \varepsilon_s, \ [\varepsilon_s \sim N(0, \delta^2 I)] \qquad (3-8)$$

其中，ρ 为空间自回归的系数值；W_{sj} 表示空间权重矩阵；其他变量或字母的含义见前述 OLS 模型。

2. 基于 SEM 的特征租金模型

在空间回归分析中，模型的独立误差项可能存在空间自相关。由于存在的独立误差项可能影响住房之间的空间溢出效应，因此，没有独立误差项的空间自相关可能会导致得出有偏差甚至误导性的结论。SEM 模型可考虑到独立误差项的空间溢出效应。SEM 的基本形式是（Anselin et al，2006；Anselin，1988；Arbia，2006）：

$$y_s = \lambda \sum_{j=1}^{n} W_{sj}\varphi_s + \beta X_s + \varepsilon_s, \ [\varepsilon_s \sim N(0, \delta^2 I)] \qquad (3-9)$$

式中，φ 代表空间自相关误差项；λ 是误差项的空间自相关系数；其他变量或字母的含义见前述 OLS 模型。

上述三种回归方式（OLS、SLM、SEM）的特征租金模型比选通常可通过调整 R^2 值、AIC 值和对数似然值（Log likelihood）共同判断。一般地，调整 R^2 值越大、AIC 值越低、对数似然值越高，模型的拟合优度越好。

三、局部回归下的特征租金模型常用表达式

全局多元回归模型可以捕获自变量（影响因素）和因变量（住房租金）之间统计关系的平均强度和显著性，只需一个涵盖因变量和自变量的等式（Wang et al，2017），并且假设这种统计关系在任何地点都没有变化。但事实上，这种统计关系常常会随着空间位置的不同而发生局部变化。以地理加权回归（GWR）为代表的局部回归模型允许整个空间中自变量与因变量之间关系发生局部空间变化（Bitter et al，2007；Hanink et al，2012）。GWR 模型的形式类似于全局回归模型，但是，其参数随空间位置的变化而变化（Brunsdon et al，1996）。GWR 模型通过将大的异质区域分成小的局部区域来考虑空间异质性，只有附近的住房（或小区、社区）才被包含在局部回归中，并且每个所包含的住房根据其到目标住房的空间距离给予权重。进而可以得出每个住房中的潜在因素与住房租金之间的局部对应关系，从而分析出住房租金影响因素的空间异质性。常用的局部回归模型主要有地理加权回归（GWR）、半参数地理加权回归（SGWR）、多尺度地理加权回归（MGWR）等。

（一）基于 GWR 的特征租金模型

全局多元回归模型只需要所有数据为一个方程，并且假设这种统计关系在任何地方都保持一致。GWR 模型允许在整个空间内独立变量和因变量之间的关系发生局部空间变化（Radoslaw et al，2020；Bitter et al，2007；Hanink et al，2002）。GWR 模型相当于局部 OLS 模型的组合，将地理位置嵌入到 OLS 模型中。每一个参数都是在空间上估计的，并且参数会随着空间位置的变化而变化（Brunsdon et al，1996），这大大提高了模型的拟合度。因此，GWR 是处理住房租金影响因素空间异质性的主要方法。GWR 可表示为（Wang et al，2021）：

$$y_s = \beta_0(u_s, v_s) + \sum_{i=1}^{n} \beta_i(u_s, v_s)x_{si} + \varepsilon_s, \ [\varepsilon_s \sim N(0, \delta^2 I)]$$

$$(3-10)$$

式中，s 表示住房（或小区、社区）的分析样本，也是基本研究单元；y_s 表示第 s 个住房的租金；$x_{si}(i=1，2，\cdots，n)$ 是住房租金影响因素变量；$(u_s，v_s)$ 是住房 s 的地理位置坐标，$\beta_0(u_s，v_s)$ 是住房 s 回归模型的常数项，$\beta_i(u_s，v_s)$ 是住房 s 回归模型中第 i 个变量的回归系数，该系数随位置变化而变化；ε_s 代表特征租金模型的误差项，$\varepsilon_s \sim N(0，\delta^2 I)$ 表示误差项服从正态分布，并且方差一致，即误差与协方差矩阵的积为 0；I 代表单位矩阵。

任意住房 $(u_s，v_s)$ 的弹性系数一般可采用加权最小二乘法估计，其估计值可表示如下（Mou et al，2017；Wang et al，2021）：

$$\hat{\beta}(u_s，v_s) = [X^T W(u_s，v_s)X]^{-1} X^T W(u_s，v_s)y_s \qquad (3-11)$$

式中，X 是住房租金影响因素变量矩阵；T 表示矩阵转置运算；$W(u_s，v_s)$ 是空间权重矩阵，该矩阵是由住房 s 与其周围住房之间地理距离的单调递减函数值组成。靠近回归坐标的住房在参数估计中起着更大的作用，且可以采用不同的函数。

由于地理加权回归是局部回归，因此，对于住房 s，应选取哪些临近住房（分析单元）来估计参数是需要解决的重要问题。为了确定需要选择哪些住房点进行模型估计，就需要定义空间权重矩阵（W_s）。空间权重矩阵中的每个元素值可采用一个核函数确定。GWR 中常用的核函数主要有高斯核函数、二次核函数、距离阈值核函数、k 临近核函数等（沈体雁和于瀚辰，2019）。以常用的二次核函数（bi-square kernel function）为例，采用二次核函数计算的空间权重矩阵（W_s）中第 sk 个元素空间权重可表示为：

$$w_{sk} = \begin{cases} \left[1-\left(\dfrac{d_{sk}}{h_s}\right)^2\right]^2，& d_{sk} \leq h_s \\ 0，& d_{sk} > h_s \end{cases} \qquad (3-12)$$

式中，w_{sk} 代表住房 s 与住房 k 之间的位置空间权重值；d_{sk} 为住房 s 与住房 k 的距离；h_s 为带宽，带宽可以是固定带宽，也可以是自适应带宽。固定带宽是通过住房样本点的距离确定带宽，自适应带宽则是通过最临近住房点的数量确定带宽。一般认为，自适应带宽能够更好地权衡模型总体的偏误和标准误，比固定带宽更优。自适应带宽的二次核函数可表示为（沈体雁和于瀚辰，2019）：

$$w_{sk} = \begin{cases} \left[1 - \left(\dfrac{d_{sk}}{b_s} \right)^2 \right]^2, & k \in N_q(s) \\ 0, & k \notin N_q(s) \end{cases} \qquad (3-13)$$

式中，b_s 为自适应带宽，需要通过邻近住房的个数来确定；$N_q(s)$ 表示距离住房 s 最近的 q 个住房组成的集合；w_{sk} 是 d_{sk} 的连续单调递减函数，当 $d_{sk} = 0$ 时，$w_{sk} = 1$。

由于住房的空间分布往往不均，有些区域的住房分布更密集，有些区域较为稀疏。因此，当住房密集分布时，带宽距离将变小，而当住房分布稀疏时，带宽距离将较大。因此，如何确定核函数中自适应带宽的大小，以获得最优带宽，是决定 GWR 回归效果优劣的关键问题之一。当前主要的确定准则包括：交叉确认准则（CV）、广义交叉确认准则（GCV）、赤池信息准则（AIC）和修正的赤池信息准则（AICc）。目前最常用的是修正的赤池信息准则（沈体雁和于瀚辰，2019）。AICc 可表示为（Mou et al，2017；Wang et al，2021）：

$$AICc = 2n\ln\hat{\sigma} + n\ln(2\pi) + \frac{n + \text{tr}(S)}{n - 2 - \text{tr}(S)'} \qquad (3-14)$$

式中，σ 表示随机误差方差的最大似然估计，$\text{tr}(S)$ 是矩阵 S 的轨迹。

（二）基于 SGWR 的特征租金模型

经典的 GWR 模型允许在整个空间内独立变量和因变量之间的关系发生局部空间变化（Radoslaw et al，2020；Bitter et al，2007；Hanink et al，2012），其全部参数都会随着空间位置的变化而变化（Brunsdon et al，1996）。但在某些情况下，并不是模型中的每一个回归系数都发生局部空间变化。可能出现的情况是：全局变量和局部变量同时存在。在这种情形下，如果仍采用经典 GWR 模型则会过多地捕捉噪声，不利于模型的解释（沈体雁和于瀚辰，2019）。此时，更适合采用半参数地理加权回归（SGWR）进行分析。SGWR 模型是全局多元回归模型和地理加权回归模型的组合。一些参数被设置为固定参数，它们对应的变量是全局变量，而一些参数被设置为变量参数，它们对应的变量是局部变量（Brunsdon et al, 1999）。因而，该模型也称为混合加权回归模型（mixed GWR），由福斯林翰姆等（Fotheringham et al, 2002）提出。SGWR 模型的参数估计采用两步迭代法，其一般形式是（Mou et al, 2017；Wang et al, 2021）：

$$y_s = \sum_{i=1}^{m} \alpha_i x_{si} + \beta_0(u_s, v_s) + \sum_{i=m+1}^{n} \beta_i(u_s, v_s) x_{si} + \varepsilon_s, \ [\varepsilon_s \sim N(0, \delta^2 I)]$$

$$(3-15)$$

式中，α_i 和 β_i 分别代表第 i 个因素指标的全局变量回归系数和局部变量回归系数；m 为纳入全局回归的影响因素变量数；n 为全部影响因素变量数。其余变量的含义见前述的 GWR 模型。

回归系数中，全局变量和局部变量的区分可根据经典 GWR 模型分析中的局部系数地理变异性检验来判定。该结果中包含 DIFF 判定值（DIFF of criterion）。如果 DIFF 判定值为正值，则表明该变量系数基本不存在空间变异性，需将其作为全局变量，如果为负值，就作为局部变量（Wang et al, 2021）。

（三）基于 MGWR 的特征租金模型

多尺度地理加权回归（MGWR）模型是在经典 GWR 的基础上，考虑到每个变量参数的带宽差异，形成不同变量拥有不同带宽的地理加权回归模型。即，MGWR 可实现不同变量拥有不同的回归尺度，这比 SGWR 对尺度问题的处理更为精细。因为 SGWR 只能将变量划分为全局尺度和局部尺度两种。MGWR 是福斯林翰姆在 2017 年提出（Fotheringham et al, 2017），但当时缺乏实现该模型的统计推断方法。于瀚辰等（Yu et al, 2019）在 2019 年完善了 MGWR 的统计推断方法，这使得 MGWR 可大范围用于案例应用研究中（沈体雁等，2020）。MGWR 可表示为：

$$y_s = \beta_0(u_s, v_s) + \sum_{i=1}^{n} \beta_{bwi}(u_s, v_s) x_{si} + \varepsilon_s, \ [\varepsilon_s \sim N(0, \delta^2 I)] \quad (3-16)$$

式中，bwi 表示第 i 个变量回归系数采用的带宽。每个变量回归系数的带宽都不是固定的，而是随回归系数的不同而不同，即局部回归具有"多尺度"特点，这也是多尺度 GWR 与经典 GWR 的区别。经典 GWR 的带宽是固定的，不会随着系数的差异而变化。其余变量的含义见前述的 GWR 模型。

与经典 GWR 使用加权最小二乘估计法不同，MGWR 是采用广义加性模型（GAM）估计（Hastie and Tibshirani，1986；Hastie，2017）。该模型可表示为（沈体雁等，2020）：

$$y = \sum_{i=1}^{n} f_i + \varepsilon , \ (f_i = \beta_{bwi} x_i) \qquad (3-17)$$

可采用后退拟合算法（back-fitting algorithm）对该模型进行平滑项的拟合。该方法需对所有平滑项进行初始化设置，即需要对多尺度 GWR 模型的各系数进行初始化估计。初始化估计的方法可采用经典 GWR、SGWR、OLS 或者都设置为 0。一般采用经典 GWR 作为初始化方法。确定初始化方法后，就可计算实际值与初始化预测值的差距，即初始化残差（$\hat{\varepsilon}$），可表示为（沈体雁等，2020）：

$$\hat{\varepsilon} = y - \sum_{i=1}^{n} \hat{f}_i \qquad (3-18)$$

当采用经典 GWR 作为初始化方法时，该初始化残差 $\hat{\varepsilon}$ 加上 $\hat{f}_i$ 与第一个自变量进行经典 GWR 回归，搜索到最优的带宽 bwi 和新的参数估计 $\hat{f}_1$ 和 $\hat{\varepsilon}$ 替换之前的估计。然后残差加上第二个加性项 $\hat{f}_2$ 与第二个变量回归并更新第二个变量的参数估计 $\hat{f}_2$ 和 $\hat{\varepsilon}$。以此往复进行类推计算，直到第 n 个自变量。以上过程构成一个完成步骤，重复这些步骤进行估计，直到符合收敛准则为止。收敛准则的判定方法一般有两种方式：一是经典的残差平方和变化比例（RSS）；二是平滑项变化比例（f）。经典的残差平方和变化比例准则（SOC_{RSS}）可表示为（沈体雁等，2020）：

$$SOC_{RSS} = \left| \frac{RSS_{New} - RSS_{Old}}{RSS_{New}} \right| \qquad (3-19)$$

式中，RSS_{Old} 为旧步骤（上一个步骤）的残差平方和，RSS_{New} 表示本步骤的残差平方和（沈体雁等，2020）。

第二节　城市住房租金的空间差异评价
与空间统计分析方法

城市住房租金的空间差异评价方法主要包括城市住房租金本身的计算与评价和城市住房租金的空间差异评价两方面。其中，对住房租金本身的计算与评价是使用特征租金模型分析问题的前提。对城市住房租金的空间差异评价可分为总体差异评价和特定方向的空间差异评价两方面。城市住房租金的空间统计分析方法可分为住房租金的空间分布特征、空间自相关以及待租住房的空间分布特征三个方面。

一、城市住房租金的计算与评价方法

根据城市住房租金数据的获取渠道差异，租金数据主要有两种类别：一种是具有确切租金额度的数据，例如，通过房产中介网站或现场调研获取的准确挂牌租金数据；另一种是通过人口普查或问卷调查获得的具有区间特征的分段数据。两种数据的租金评价方法有所差别，其中第一种类型的数据计算的住房租金更加精准。

（一）基于确切数据的住房租金评价方法

不同单元尺度下，住房租金的评价方法有所差别。城市内部常用的住房租金评价单元是单套住房、小区、社区、街道（镇）、板块等。

1. 单套住房的租金评价方法

单套住房的租金（指月租金，下同）总价往往可直接通过网站数据库、调研等方式获得。租金单价则需通过租金总价除以建筑面积计算得出，某套待租住房的租金单价（R_e）可表示为：

$$R_e = \frac{R_t}{A} \qquad (3-20)$$

式中，R_t 为该套住房的租金总价，A 为该住房的建筑面积。

2. 小区住房租金水平的评价方法

一个小区的住房租金水平可通过两种方式计算：中位数和平均数。中位数是某时段该小区全部待租住房样本的中位数价格。平均数较为常用，可称为小区租金均价。小区租金均价可通过如下两种方式计算。第一种是计算小区内全部样本待租住房租金的算数平均数，此时，小区租金均价（R）可表示为：

$$R = \frac{1}{k} \sum_{i=1}^{k} r_i \tag{3-21}$$

式中，k 为该小区内待租住房的样本数，r_i 为该小区内第 i 个待租住房的租金。

如果仅计算小区租金单价水平，也可以用第二种计算方式，即考虑到每套住房建筑面积的差异，用建筑面积加权计算租金的平均数。计算方法为：

$$R = \sum_{i=1}^{k} r_i f(r_i) \tag{3-22}$$

式中，$f(r_i)$ 为第 i 个待租住房的建筑面积占该小区全部待租住房建筑总面积的比例，可表示为：

$$f(r_i) = \frac{A_i}{\sum_{i=1}^{k} A_i} \tag{3-23}$$

式中，A_i 为该小区第 i 个待租住房的建筑面积。

3. 社区、街道（镇）、板块租金水平的评价方法

在估算社区、街道（镇）、板块的租金水平时，若以单套待租住房为基本计算数据，那么评价方法同小区，只是空间范围更大，评价原理不变。若以小区为基本计算数据，社区（或街道、板块，下同）的租金均价（R_C）可表示为：

$$R_C = \frac{1}{n} \sum_{i=1}^{n} R_i \tag{3-24}$$

式中，n 为社区内小区的样本数，R_i 为该社区内第 i 个小区的租金。

（二）基于分段数据的住房租金评价方法

人口普查呈现的数据或问卷调查中获取的租金数据有可能不是确切数据，而是分段数据。以我国第六次人口普查中的住房租金数据为例，对外出版的数据为整套住房租金总价的区间数据，分别为：[0，100)、[100，200)、[200，500)、[500，1000)、[1000，1500)、[1500，2000)、[2000，3000)、[3000，+∞)，数据单位为：元。并且提供了该社区（或街道）每个租金段的住房样本数量。本书仍以第六次人口普查分社区租金估计为例，在该情形下，可采用如下方法进行租金估算（王洋，2017）。

1. 将区间租金数据转化为确切的数值型租金

根据人口普查数据区间的特点，将不同区间的租金数据划分为不同租金段等级，每个等级对应的数值型租金数据如表 3-1 所示。

表 3-1　　　　　　　　不同租金段对应的租金估计值

租金段等级	月租金分段（元）	数值型月租金估计（元）
1	[0，100)	50
2	[100，200)	150
3	[200，500)	350
4	[500，1000)	750
5	[1000，1500)	1250
6	[1500，2000)	1750
7	[2000，3000)	2500
8	[3000，+∞)	4000

2. 估算各社区的平均租金

依据各社区月租金分段估计值及其该租金段的住户比重，估算某社区的平均租金（R_c），计算方法为：

$$R_C = \sum_{i=1}^{k} r_i f(r_i) \qquad (3-25)$$

式中，r_i 是某一社区中第 i 个租金段的租金估计值，k 为租金段划分的个数，$f(r_i)$ 为第 i 个租金段的住户数占该社区总住户数的比重，表示为：

$$f(r_i) = \frac{h_i}{\sum_{i=1}^{k} h_i} \qquad (3-26)$$

式中，h_i 为该社区第 i 个租金段的住户数。

二、城市住房租金的空间差异评价方法

城市住房租金的空间差异评价可从总体空间差异和特定方向的空间差异两方面展开。总体差异测度指数主要包括变异系数、基尼系数、泰尔指数、广义熵、阿特金森指数等，并且可以整合成一个住房租金的总体差异测度指数。特定方向的空间差异程度可采用特定方向差异指数（PDI 指数）测度。

（一）住房租金总体差异程度的评价方法

对于一定区域范围（如城市内部或都市区内部）的待租住房，可以通过差异指数定量测度其住房租金的总体差异程度。差异指数主要包括：变异系数（coefficient of variation）、基尼系数（Gini coefficient）、泰尔指数（Theils' entropy index）、广义熵（generalized entropy index）和阿特金森指数（Atkinson index）等（Chen and Belton，1996；Tsui，1996；Lu and Wang，2002；Martin and Christoph，2008；Wang et al，2012）。这些研究方法常常用于分析区域差异问题，当然也可以用来分析住房租金的差异。上述指数也可共同构成住房租金的总体差异测度指数（HRGDI）。

1. 变异系数

变异系数又称标准差系数、变差系数等，住房租金变异系数的计算表达式为：

$$CV = \frac{\sqrt{\dfrac{\sum\limits_{i=1}^{n}(x_i - \mu)^2}{n}}}{\mu} \qquad (3-27)$$

式中，x_i 是第 i 个住房的租金，μ 为住房租金均值，n 为待租住房个数。

2. 基尼系数

基尼系数是基尼在 1912 年根据洛伦茨曲线提出的判断收入分配不均衡程度的指标，基尼系数（G）可表示为（Cowell and Frank，1995）：

$$G = \frac{1}{2n^2\mu} \sum_{j=1}^{n} \sum_{i=1}^{n} |x_i - x_j| \qquad (3-28)$$

式中，$|x_i - x_j|$ 是任何一对住房租金差异值的绝对值，其余指标的解释同变异系数。

3. 泰尔指数

泰尔指数也称锡尔熵，由数学家香农和维纳建立，1967 年泰尔在研究国家之间的收入差距时首先加以运用（Theil，1967），住房租金的泰尔指数（T）可表示为：

$$T = \frac{1}{n} \sum_{i=1}^{n} \frac{x_i}{\mu} \ln \frac{x_i}{\mu} \qquad (3-29)$$

上述指标的解释同变异系数。

4. 广义熵指数

熵（entropy）在信息理论中被称为平均信息量。广义熵指数（也可称为总熵指数）是从信息量和熵的概念出发考察个体之间的差异性。个体之间越接近，广义熵指数就越小（Shorrocks，1980，1984；刘慧，2006）。住房租金的广义熵指数（GE）可表示为：

$$GE = \begin{cases} \dfrac{1}{n}\dfrac{1}{c(c-1)}\sum_{i=1}^{n}\left[\left(\dfrac{x_i}{\mu}\right)^c - 1\right], & c \neq 0,\ 1 \\[4mm] \dfrac{1}{n}\sum_{i=1}^{n}\left(\dfrac{x_i}{\mu}\right)\ln\left(\dfrac{x_i}{\mu}\right), & c = 1 \\[4mm] \dfrac{1}{n}\sum_{i=1}^{n}\ln\left(\dfrac{\mu}{x_i}\right), & c = 0 \end{cases} \tag{3-30}$$

参数 c 用于测定指数变化的灵敏性。当 $c < 2$ 时，其所测指数的变化较为灵敏。根据 c 趋近 0 和 1 的不同，可以将广义熵指数细分为均值对数偏差指数和泰尔指数（刘志伟，2003），c 一般常取 0.5 或 2（王洋等，2013a）。

5. 阿特金森指数

阿特金森指数是带有社会福利概念的一个差异测度指数（Atkinson，1970）。住房租金的阿特金森指数值（A）可表示为：

$$A_\varepsilon = 1 - \left[\dfrac{1}{n}\sum_{i=1}^{n}\left(\dfrac{x_i}{\mu}\right)^{1-\varepsilon}\right]^{\frac{1}{(1-\varepsilon)}} \tag{3-31}$$

其中，ε 是一个与差异值灵敏度有关的参数，取值范围大于 0。ε 越大，给租金相对较低的住房赋予的权重越大，ε 常取的值为 0.5 或 2（Atkinson，1970）。

6. 住房租金总体差异测度指数

上述总体差异测度指数的基本原理与思路不尽相同，其结果走势可能各异。因此，可将上述指数的结果进行整合，建立住房租金总体差异测度指数（HRGDI）。该指数的结果值可同时体现上述 5 个（或其中的若干个）差异指数的信息，使结果更加稳定，可全面反映研究区内住房租金的总体差异程度（王洋等，2013a）。计算过程为：

（1）构建住房租金总体差异测度指数（HRGDI），即：

$$HRGDI = W_1 CV + W_2 G + W_3 T + W_4 GE + W_5 A \tag{3-32}$$

式中，CV、G、T、GE、A 分别代表变异系数、基尼系数、泰尔指数、广义熵和阿特金森指数。W_1，W_2，$\cdots$，W_5 分别为上述 5 个指数结果值的权重。

权重可以主观赋值，也可采用信息熵确定。

例如，在多个时间段的比较中，可利用信息熵确定上述 5 个指数值的权重，该方法可消除权重确定的主观因素。社会系统中信息熵的含义主要指系统状态不确定性程度的度量。信息熵值越高，系统结构越均衡，差异越小；反之，系统结构越不均衡，差异越大。

（2）根据各项差异测度指数结果值的熵值大小，计算差异程度，确定权重，主要步骤为（Chen et al, 2010）：

①数据标准化：设第 i 个年份上述 5 个指数值为 y_{ij}，$j = 1$，2，$\cdots$，n。由于指数值的量纲和数量级可能存在差异，采用标准化处理法。上述指数值均为正向指标，因此采用正向标准化计算方法：

$$x_{ij} = \frac{y_{ij} - y_{j\min}}{y_{j\max} - y_{j\min}} \qquad (3-33)$$

②计算第 i 个年份第 j 个指数值的比重：

$$X_{ij} = \frac{x_{ij}}{\sum_{i=1}^{m} x_{ij}} \qquad (3-34)$$

③计算指标信息熵：

$$e_j = -\frac{1}{\ln m} \sum_{i=1}^{m} (X_{ij} \times \ln X_{ij}) \, , \ \text{有} \ 0 \leqslant e_j \leqslant 1 \qquad (3-35)$$

④信息冗余度：

$$d_j = 1 - e_j \qquad (3-36)$$

⑤指标权重计算：

$$W_j = \frac{d_j}{\sum_{i=1}^{n} d_j} \qquad (3-37)$$

因此，第 i 个年份的 HRGDI 指数值为：

$$HRGDI = \sum_{j=1}^{n} W_j f(y_j) \qquad (3-38)$$

式中，$f(y_j)$ 表示第 j 个类型的差异指数，$y_{j\max}$、$y_{j\min}$ 分别为第 j 个指标所在矩阵列的最大值和最小值，m 为年份数，n 为差异测度指数的数量。

（二）特定方向住房租金空间差异的评价方法

在城市内部，不同位置、不同方向的住房租金可能出现分化现象，例如，核心区与外围区、中心城区与郊区、南部与北部、东部与西部之间的住房租金出现空间差异（空间分化）。这体现在特定方向上出现了住房租金差异。而前述总体差异指数只能在全局层面分析住房租金的差异程度，不能解决该问题。因此，测度特定方向的区域空间差异就显得尤为重要，而基于区域分组理念的组间差异测度是探索差异方向的主要方法（Kanbur and Zhang，1999；Huang et al，2003）。其中，基尼系数分解和泰尔指数分解这两种方法最为常见（Josef，2007）。这些指数都是建立在由指数分解形成的"组间差异 – 组内差异"理论框架。但在案例研究中，这些传统组间差异指数不能反映区域格局的反转情况和组内格局的变化。并且，在区域差异问题中，组间差异、组内差异往往同时出现。区域差异具有明显的层次性，它是组间差异与组内差异共同作用的结果。而且，组间差异更为重要（Wang et al，2012）。基于上述原因，可采用特定方向差异指数（PDI 指数）测度城市内部不同方向（区域）间的住房租金差异程度。

PDI 指数由王洋等学者在 2012 年建立，是适用于地理学领域定量测度特定方向空间差异（或空间分化）程度的新方法（Wang et al，2012）。可通过设定不同的分组方式判定区域差异的主要方向，并测度在该分组方向上的差异强度。该方法同样适用于测度城市内部"高 – 低"两组区域之间的住房租金空间差异（分化）程度与变化情况，也适用于判定城市内多种分组情形下的住房租金差异强度及其演变特征，进而判断该城市住房租金的主要空间差异方向。PDI 指数可表示为（Wang et al，2012）：

$$PDI = \frac{M_X - M_Y}{mn\mu^2} \sum_{j=1}^{m} \sum_{i=1}^{n} |x_i - y_j| \qquad (3-39)$$

式中，x_i 是组 X（高住房租金组）第 i 个住房（或小区、社区，下同）的租金，y_i 是组 Y（低住房租金组）第 j 个住房的租金，μ 为所有住房租金的均值，n 为组 X 的住房个数，m 为组 Y 的住房个数，M_X 为组 X 的幂平均数，M_Y 为组 Y 的幂平均数。M_X 和 M_Y 可分别表示为（Wang et al，2012；王洋等，2015b）：

$$M_X = \left(\frac{\sum\limits_{i=1}^{n} x_i^q}{n} \right)^{\frac{1}{q}} \qquad\qquad (3-40)$$

$$M_Y = \left(\frac{\sum\limits_{j=1}^{m} y_j^q}{m} \right)^{\frac{1}{q}} \qquad\qquad (3-41)$$

其中，q 为大于 0 的任意值，如果 q 小于 1，那么权重更倾向于低租金住房，反之倾向于高租金住房。一般地，组内低水平租金的住房往往占多数，因此 q 的取值往往小于 1，例如，可将 q 取 0.8。PDI 指数值越高，表明在该空间方向上的住房租金分化越显著（Wang et al，2012；王洋等，2015b）。

三、城市住房租金的空间统计分析方法

城市住房租金的空间统计分析可从租金的空间分布特征描述、租金的空间相关性、待租住房的空间分布描述三个方面开展。可采用核密度函数及其热点区分析、趋势面、半变异函数描述租金的空间分布特征；利用全局空间自相关指数和局部空间自相关指数分析租金的空间相关性；基于平均最邻近距离、缓冲区及其空间覆盖范围描述城市待租住房的空间分布特征。

（一）城市住房租金的空间分布特征描述方法

1. 住房租金的核密度函数与热点区分布分析

核密度估计方法是一种现代非参数统计方法。在住房租金分布研究中，如果先假定住房租金数据的某种分布方式（如帕累托分布、伽玛分布或对数正态分布），在其预先假定的分布形态基础上统计就可能存在错误。核密度估计法可不预先假定住房租金的分布形态，不必率先界定估计模型，而是尽量从住房租金本身的数据中获得需要的信息（陈云和王浩，2011）。城市住房租金一般呈现为高租金住房数量不多，但租金变化梯度很大的分布形态。这就难以与上述某种既定的分布方式匹配。因此，对住房租金总体分布情况宜采用核密度函数进行估计。假设住房租金的密度

函数为 $f(x)$，核密度估计为 $f_n(x)$，则在任意住房租金 x 上的核密度估计公式为（陈云和王浩，2011）：

$$f_n(x) = \frac{1}{nh_n} \sum_{i=1}^{n} K\left(\frac{x - x_i}{h_n}\right) \qquad (3-42)$$

式中，$K\left(\dfrac{x - x_i}{h_n}\right)$ 为核函数；n 为待租住房的样本数；h_n 为带宽，是与 n 有关的正数。

核密度函数还可以应用到住房租金热点区的探测研究中，该函数可根据单位网格内点的密度来估计样本点周围的密度并产生一个光滑表面。在二维空间中，住房租金核密度函数的一般形式可表示为（Chu et al，2012；王洋等，2013a）：

$$\lambda(s) = \sum_{l=1}^{n} \frac{1}{\pi r^2} \varphi \frac{d_{ls}}{r} \qquad (3-43)$$

式中，$\lambda(s)$ 是住房 s 地点的核密度估计，r 为带宽，即核密度函数的搜索半径，n 为待租住房样本数，φ 是住房地点 l 与 s 之间距离 d_{ls} 的权重。

2. 住房租金的趋势面分析

趋势面可用于模拟地理要素在空间上的分布规律和变化趋势，它是实际曲面的近似值（徐建华，2002）。趋势面分析法可抽象住房租金总体空间分异趋势。设 $Z_i(x_i, y_i)$ 为第 i 个住房（或小区、社区，下同）的租金，x_i 和 y_i 为平面空间坐标。根据趋势面定义可知（王洋等，2013b）：

$$Z_i(x_i, y_i) = T_i(x_i, y_i) + \varepsilon_i \qquad (3-44)$$

式中，$T_i(x_i, y_i)$ 为住房租金的趋势函数，表示在大范围内的租金趋势值。ε_i 为自相关随机误差，表示第 i 个住房租金真实值与趋势值的偏差。可采用二阶多项式计算趋势值，则趋势函数可表示为（吴秀芹等，2007）：

$$T_i(x_i, y_i) = \beta_0 + \beta_1 x + \beta_2 y + \beta_3 x^2 + \beta_4 y^2 + \beta_5 xy \qquad (3-45)$$

式中，β_1、β_2、β_3、β_4、β_5 为趋势曲线的待估系数，β_0 是常数项。

3. 基于半变异函数的住房租金空间变异性分布分析

住房租金的半变异函数可以展示随着住房间距离的增大，其租金差异的变化情况。计算公式为：

$$\gamma(h) = \frac{1}{2N(h)} \sum_{i=1}^{N(h)} \left[Z(x_i) - Z(x_i + h) \right]^2 \tag{3-46}$$

其中，$\gamma(h)$ 为半变异函数，h 为住房（或小区、社区，下同）距离，$N(h)$ 表示间隔距离为 h 的住房数。$Z(x_i)$、$Z(x_i + h)$ 分别为区域化变量 $Z(x)$ 在空间位置 x_i 和 $x_i + h$ 上的租金值（吴秀芹等，2007；刘颖等，2011；王洋等，2013b）。

（二）城市住房租金的空间相关性分析方法

1. 住房租金的全局空间自相关

城市待租房源的租金往往会产生空间相互作用，尤其是区位相邻或相近的住房更是如此。因此，城市住房租金一般具有空间关联与空间相关性特征。全局自相关指数（GMI）和局部自相关指数（LMI）可定量测度城市住房租金的空间关联程度及其空间格局。GMI 表示为（陈斐和杜道生，2002）：

$$GMI = \frac{\sum_{i=1}^{n} \sum_{j=1}^{n} (x_i - \bar{x})(x_j - \bar{x})}{S^2 \sum_{i=1}^{n} \sum_{j=1}^{n} W_{ij}} \tag{3-47}$$

$$S^2 = \frac{\sum_{i=1}^{n} (x_i - \bar{x})^2}{n} \tag{3-48}$$

式中，GMI 为全局空间自相关指数（Moran's I）；x_i 为第 i 个住房（或小区、社区，下同）的租金；W_{ij} 是各住房的空间权重矩阵，住房之间的距离在设定的门槛距离内为 1，大于该距离为 0。可通过 Z 检验值的显著性判定住房租金的空间集聚程度。Z 检验值表示为：

$$Z(G) = \frac{G - E(G)}{\sqrt{\mathrm{Var}(G)}} \tag{3-49}$$

其中，$\mathrm{Var}(G)$ 为变异数，$E(G)$ 为住房租金的数学期望，如果 Z 值显著，表明研究区内住房租金呈现空间集聚的格局。

2. 住房租金的局部空间自相关

在住房租金全局自相关的基础上，同时也可能出现住房间的局部自相关现象，因此，采用局部自相关指数（LMI）对局部自相关进行测度，LMI 可表示为：

$$I = \sum w'_{ij} Z_i Z_j \qquad (3-50)$$

式中，I 为局部相关指数，w'_{ij} 是 w_{ij} 的行标准化，Z_i 和 Z_j 是住房租金的标准化值。在小于 0.05 显著水平下，如果 I_i 和 Z_i 同时为正数时，说明第 i 个住房和它附近住房的租金都较高，即高高集聚（HH）；同理，如果 I_i 为负值、Z_i 为正值时，为高低集聚（HL）；I_i 为正值、Z_i 为负值时，为低低集聚（LL）；I_i 和 Z_i 都为负值时，为低高集聚（LH）。

（三）城市待租住房的空间分布描述方法

1. 待租住房的平均最邻近距离分析

平均最邻近距离可判定待租住房（或拟分析的某些具有同类特征的待租住房）点的平均距离，并根据实测平均最邻近距离值（d_i）与期望平均最邻近距离值（d_e）的比率 R 判定待租住房点的空间分布特征。这些特征可能为均匀分布、集聚分布或随机分布。其中，均匀分布表示每个住房点与其他住房最邻近点距离大致相等；集聚分布表示存在一组或一组以上的住房点集聚群，每个住房点与其最相邻的各住房点距离很近，而另外的很大区域则没有住房点；随机分布表示其中有些住房点较为集中，而有些住房点较分散。该比率 R 可表示为（王洋等，2016）：

$$R = \frac{d_i}{d_e} \qquad (3-51)$$

式中，最邻近距离的期望值 d_e 可通过如下公式计算：

$$d_e = \frac{1}{2} \sqrt{\frac{N}{A}} \qquad (3-52)$$

式中，N 为住房点的数量，A 为研究区面积。

当 $R < 1$ 时，表示住房点为集聚分布；当 $R > 1$ 时，为分散分布；当实测值等于期望值，即 $R = 1$ 时，表示住房点为随机分布。R 的范围是：$0 \leqslant R \leqslant 2.1491$。其标准差 Z 值可表示为（Clark and Evans，1954；田光进和沙默泉，2010）：

$$ Z = \frac{(d_i - d_e)\sqrt{\dfrac{N^2}{A}}}{0.26136} \tag{3-53} $$

式中，Z 值得分过低（强烈集聚）或过高（强烈分散），显著性 p 值越小，Z 值的临界值（双侧）2.58、1.96、1.65 分别对应 p 值的 0.01、0.05、0.1。当 p ≤ 0.01 时，表明住房点具有强烈的集聚（分散）分布；0.01 < p ≤ 0.05 时，为较强集聚（分散）分布；0.05 < p ≤ 0.1 时，为一般性集聚（分散）分布；p > 0.1 时，显著性较差，为随机分布（王洋等，2016）。

2. 基于缓冲区的住房租赁市场空间覆盖范围分析

待租住房可视作一种为租户提供居住服务的商品。由于住房的不可移动性，加上租户租赁住房的"就近性"导向，待租住房就会存在一个空间覆盖范围。例如，将待租住房半径 2 千米作为该住房的租赁服务覆盖范围，就可以采用 GIS 缓冲区分析法计算城市内部住房租赁的服务覆盖率（R_C），可表示为（王洋等，2016）：

$$ R_C = \frac{A_C}{A_T} \times 100\% \tag{3-54} $$

式中，A_C 为待租住房覆盖的服务区总面积；A_T 为研究区总面积，该面积既可以是全部研究区面积，也可以是研究区去除非建设用地（例如，水域、农业用地、生态用地、未利用地等）后的面积。R_C 数值越高，表明住房租赁的服务覆盖率越大。

第四章

单套住房尺度下特征租金理论模型的
应用案例

　　本章以广州都市区住房租金的核心影响因素研究为案例，在单套住房尺度下验证本书提出的特征租金理论模型。构建四大要素 11 个因素指标的广州都市区住房租金影响因素指标体系，以广州都市区 29008 套待租住房为基本研究单元，以 2020 年 3 月的整套住房挂牌租金单价为价格数据，采用 OLS 模型测度住房租金的影响因素，并筛选核心影响因素。结果表明：第一，在研究城市内部单户住房租金的影响因素时，可采用本书构建的特征租金理论框架及其特征租金模型。第二，广州都市区中低租金水平的住房数量最多，具有明显的空间差异特征。第三，建筑特征（建筑面积、朝向与楼层、房龄、电梯与物业）、便利性特征（地铁站可达性、办公便利性、基础教育便利性）、环境特征（公园可达性、工厂临近性）和区位特征（距 CBD 距离）共 4 个方面的 10 个因素对广州都市区住房租金差异有显著影响且影响方向符合理论预期。第四，建筑面积、距 CBD 距离、房龄是住房租金的 3 个最关键核心影响因素；电梯与物业、地铁站可达性、办公便利性、工厂临近性也是核心影响因素。该研究可为中国城市内部租房市场的研究提供理论与案例分析参考，具有学术意义。

第一节　广州都市区单套住房租金及其影响因素的差异特征

一、住房租金的空间差异与分布特征

（一）住房租金的总体分布特征

根据租金数据分布特征情况和居民对租金的感受，将住房租金由高到低划分为高房租、中高房租、中等房租、中低房租和低房租 5 个等级，租金阈值划分方式以及不同租金等级的单套住房数量和比例如表 4-1 所示。总体上，中低房租住房数量最多，达 11421 套，占全部住房的 39.37%，其次为中等房租住房，占比达到了 21.68%。

表 4-1　　　　　　广州都市区不同等级住房租金的数量和比例

租金等级	租金区间（元/平方米·月）	研究区全部	
		数量（套）	占比（%）
高房租	(100，+∞]	2851	9.83
中高房租	(80，100]	3296	11.36
中等房租	(60，80]	6288	21.68

续表

租金等级	租金区间（元/平方米·月）	研究区全部	
		数量（套）	占比（%）
中低房租	(40, 60]	11421	39.37
低房租	(0, 40]	5152	17.76
总计	全部	29008	100.00

　　珠江新城是广州的CBD，广州国际金融中心大厦（珠江新城西塔）可以视作CBD的中心点，也可看作是城市的中心。随着距CBD距离的差异，形成不同的圈层地域。距CBD 0~5千米、5~10千米、10~15千米、15~20千米、20~25千米划分为6个不同地域圈层。广州都市区及其各圈层地域住房租金的平均值、中位数和标准差如表4-2所示。广州都市区的住房租金平均值为63.49元/平方米·月，住房租金中位数为56.11元/平方米·月。不同圈层地域之间的住房租金水平存在较大的空间差异。住房租金平均值和中位数表明，距CBD越近的圈层，住房租金最高。尤其是在0~15千米范围内，住房租金由内向外的圈层递减越明显，而15~25千米的圈层区间，租金的下降趋势不明显。因此，广州都市区圈层租金差异主要体现在0~15千米之间的区域。标准差可体现不同圈层内部的租金差异程度，距CBD 0~5千米圈层的内部租金差异最高，而距CBD 20~25千米圈层的内部租金差异最低。

表4-2　　　　　广州都市区住房租金分布的描述性统计　　单位：元/平方米·月

数值类型	研究区全部	距CBD 0~5千米	距CBD 5~10千米	距CBD 10~15千米	距CBD 15~20千米	距CBD 20~25千米
平均值	63.49	79.19	62.82	44.72	43.61	42.04
中位数	56.11	72.22	55.56	42.86	41.25	40.54
标准差	29.99	32.33	27.70	14.15	18.47	12.48

（二）基于核密度函数住房租金热点区与识别

　　分别筛选出研究区内29008套住房的高租金住房（>8000元/套·月）

和低租金住房（≤2000元/套·月），采用核密度函数探测这些住房点数据热点区和冷点区的空间集聚格局（Chu，2012；Wang et al，2013）。结果表明：高租金住房集聚分布在核心区，主要为珠江新城、天河北、东风东板块；低租金住房集聚区数量较多，分布相对分散，主要包括白云区的西部（黄石街道、新市街道、棠景街道、同德街道），荔湾区的芳村板块（石围塘街道及周边区域），番禺区的洛浦街道、大石街道、钟村街道，黄埔区的黄埔街道、文冲街道、荔联街道、南岗街道。总体上，高租金住房的分布更加集聚，低租金住房的分布则相对分散，体现了优质待租房源空间集聚性。

（三）住房租金空间分布的趋势面分析

对位于同一小区的住房（同一坐标）取平均值，采用二阶多项式方式进行总体趋势面分析，得出广州都市区住房租金在东西方向和南北方向的总体趋势面，如图4-1所示。图4-1表明，广州都市区的住房租金呈现中心高外围低的圈层式差异趋势，并呈现西高东低、南高北低的差异趋势。这也和广州都市区待租住房集聚的重心分布特征（偏西和偏南）有关。

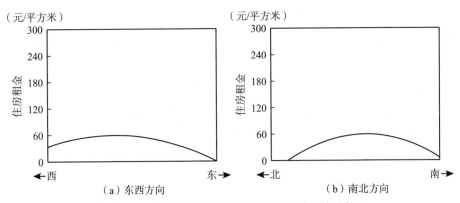

图4-1 广州都市区小区住房租金均值的总体趋势面

（四）基于平均最临近距离的待租住房空间分布特征分析

分别计算不同租金区间（高房租、中高房租、中等房租、中低房租、低房租）住房点数据的平均最邻近距离及其比率 R 值和 p 值，结果如表 4 - 3 所示。结果表明，广州都市区全部住房类型的比率 R 值都小于 1 且显著，说明这些住房类型都呈现强烈的集聚分布特征。从集聚程度看，中低房租水平住房的集聚程度最强烈，比率 R 值仅 0.0636。

表 4 - 3　　　　广州都市区不同租金区间类型住房的平均最临近距离

住房类型	租金区间 （元/平方米·月）	平均邻近距离 （米）	比率 R	p 值	分布特征
高房租	（100，＋∞]	33.9559	0.1346	0.0000	强烈集聚
中高房租	（80，100]	32.9934	0.1390	0.0000	强烈集聚
中等房租	（60，80]	19.4822	0.1022	0.0000	强烈集聚
中低房租	（40，60）	9.7307	0.0636	0.0000	强烈集聚
低房租	（0，40]	23.0296	0.0921	0.0000	强烈集聚

二、住房租金影响因素指标体系的构建与计算方法

城市内部不同住房之间的租金水平存在很大差异（Nishi et al，2019；贾士军和周春山，2009；苏亚艺等，2014；李卫民等，2018；杜超等，2019），这是由住房特征的异质性所决定的（Zhang et al，2019；汪佳莉等，2016；王洪强等，2019；张沈生和张露露，2019；张世伟等，2019）。分析住房租金差异的影响因素是理解租房市场的重要前提。已有研究表明，住房租金是由多种因素共同决定的，根据本书住房特征"四要素"分法，可简要归纳如下：一是建筑特征因素，例如，住房的建筑面积、楼龄、设施、内部设计、室内质量、建筑抗震质量等（Cao et al，2019；Gan et al，2016；Leung and Yiu，2019；Nakagawa et al，2007；张若曦和贾士军，2014；Wang et al，2021），以及住房所在小区的容积率、绿化率（尹上岗等，2018）和物业管理水平（鲁羽西等，2019）；二是便利性特征因素，例如，公共交通便利性（尤其是地铁可达性）（Efthymiou and Antoniou，2013；Cui et al，2018；冯友建和陈天一，2020）、道路可达性（D'Arcangelo，2015；杜超等，2019）、就业中心

便利性（Cui et al，2018）、公共服务设施便利性（苏亚艺等，2014）、商业中心可达性（张若曦和贾士军，2014）、高质量学校可达性和艺术娱乐可达性（Haurin and Brasington，1996）等；三是环境特征因素，例如，噪声（Zambrano-Monserrate and Ruano，2019）、污水排水渠气味（Muhammad，2017）、社会环境（Wang et al，2021）等；四是区位条件因素，距 CBD 距离是最为常见的评价方式（Haurin and Brasington，1996；Wang et al，2021）。

在前人研究基础上，基于本书提出的特征租金理论框架及其特征租金模型，根据数据的可获得性和广州都市区特点，选择 11 个影响因素指标。

第一，在建筑特征方面，选取建筑面积、朝向与楼层、房龄、物业与电梯 4 个因素，其中，前 2 个因素是单户住房本身特有的特征，后 2 个因素是整栋住房的共有特征，也可认为是居住小区（或居住组团）的共有特征。理论上，房龄与租金负相关，朝向与楼层、物业与电梯 2 个因素与租金正相关。建筑面积与租金相关关系的理论预期不明确，但从中国城市租房市场特征看，由于中小户型房源更受租户青睐，因此建筑面积越大，租金单价往往越低。

第二，在便利性特征方面，从公共交通、就业、教育、商业服务 4 个方面出发，选取地铁站临近性、办公便利性、基础教育便利性、商业服务便利性 4 个因素，其中，地铁站临近性代表住房的公共交通方便程度，其他 3 个因素分别代表租房选择时"为了工作""为了孩子""为了消费方便"的 3 种驱动导向。理论上，上述 4 个因素的便利程度越高，租金越高。

第三，在环境特征方面，从优质景观与环境可达性和厌恶型设施临近性来考虑，分别选取公园可达性、工厂临近性 2 个因素指标。其中，公园可达性代表优质的环境景观，理论上对租金有正向促进作用。工厂往往是负面的污染型设施，工厂临近性体现了工业污染的影响程度，理论上对租金有负向影响。

第四，在区位特征（指狭义的区位）方面，珠江新城是广州的 CBD，其中的广州国际金融中心大厦是核心建筑，可以认为是广州的城市中心，以住房与 CBD 的直线距离代表区位条件。理论上，距离越大，住房租金越低。

每项因素的指标、计算方法或过程及对房租的预期影响方向如表 4 - 4 所示。

表4－4   广州都市区住房租金差异影响因素指标体系及其计算方法

特征租金 因素视角	影响因素 指标	计算方法（分数赋值标准）	预期影响 方向
HR1 建筑特征	F1 建筑面积	住房的建筑面积数值	负向
	F2 朝向与楼层	好朝向且优越楼层（9分）；好朝向且一般楼层，或者一般朝向且优越楼层（7分）；一般朝向且一般楼层（5分）；差朝向且优越楼层（3分），差朝向且一般楼层（1分）。对朝向定义：好朝向为南、东南、西南，差朝向为北，其他情况为一般朝向；对楼层定义：对于楼梯楼，处于低楼层为优越楼层，中高层为一般楼层；对于电梯楼，中高层为优越楼层，低层为一般楼层	正向
	F3 房龄	2020年减去住房建成时的年份	负向
	F4 电梯与物业	有电梯且有物业公司管理（9分）；有电梯且为业主自筹/私人承办/单位代管物业（7分）；有电梯且无物业管理，或者无电梯但有物业公司管理（5分）；无电梯且为业主自筹/私人承办/单位代管物业（3分）；无电梯且无物业管理（1分）	正向
HR2 便利性特征	F5 地铁站可达性	距地铁站200米范围内（9分），距地铁站201~400米范围内（7分），距地铁站401~800米范围内（5分），距地铁站801~1500米范围内（3分），距地铁站1500米范围外（1分）	正向
	F6 办公便利性	将主要办公场所（写字楼、政府机关、事业单位、科技园）点数据生成核密度，并根据标准差均值面进行分级。住房位于核密度3个标准差以上（含3个标准差）范围内（9分），位于2~3个标准差（不含3个标准差）范围内（7分），位于1~2个标准差（不含2个标准差）范围内（5分），位于0~1个标准差（不含1个标准差）范围内（3分），其他位于低于标准差均值的范围内（1分）	正向
	F7 基础 教育便利性	将小学、中学的点数据生成核密度，并根据标准差均值面进行分级。赋分方式与办公便利性相同	正向
	F8 商业 服务便利性	将主要商业服务网点（市场、超市、商场、餐饮场所、娱乐场所）的点数据生成核密度，并根据标准差均值面进行分级。赋分方式与办公便利性相同	正向

续表

特征租金 因素视角	影响因素 指标	计算方法（分数赋值标准）	预期影响 方向
HR3 环境特征	F9 公园可达性	位于公园边界 100 米范围内（9 分），位于公园边界 101～200 米范围内（8 分），201～300 米范围内（7 分），……，距公园 800 米范围外（1 分）	正向
	F10 工厂临近性	将工厂点数据生成核密度，并根据标准差均值面进行分级。赋分方式与办公便利性相同	负向
HR4 区位特征	F11 距 CBD 距离	距广州国际金融中心大厦（珠江新城西塔）的距离	负向

注：以标准差面作为得分阈值的解释如下：根据正态分布规律，核密度生成的均值 ±1 个、2 个、3 个标准差约涵盖总数据量的 68%、95%、99%（Yu et al，2015；吴康敏等，2016）。

三、住房租金影响因素的差异特征

广州都市区各住房租金影响因素的描述性统计如表 4-5 所示。不同功能地域的影响因素具有空间差异性特征。

表 4-5　　　　广州都市区住房租金差异影响因素的描述性统计

影响因素	单位	最小值	中位数	最大值	均值	标准差
F1 建筑面积	平方米	6.00	77.00	299.00	80.42	39.04
F2 朝向与楼层	得分	1.00	7.00	9.00	6.85	2.14
F3 房龄	年	3.00	21.00	100.00	21.35	9.51
F4 电梯与物业	得分	1.00	9.00	9.00	7.08	2.54
F5 地铁站可达性	得分	1.00	5.00	9.00	4.34	2.13
F6 办公便利性	得分	1.00	7.00	9.00	6.09	2.51
F7 基础教育便利性	得分	1.00	5.00	9.00	5.88	2.36
F8 商业服务便利性	得分	1.00	7.00	9.00	6.38	2.49
F9 公园可达性	得分	1.00	3.00	9.00	3.41	2.60
F10 工厂临近性	得分	1.00	1.00	9.00	2.37	2.13
F11 距 CBD 距离	米	4969	68309	232853	75910	46294

注：房龄超过 100 年的住房按 100 年计。

为进一步比较不同圈层地域影响因素的空间差异特点，分别计算不同圈层地域的住房租金影响因素平均值，结果如表4-6所示。

表4-6　　广州都市区不同圈层地域范围的住房租金影响因素平均值

影响因素	单位	距CBD距离（千米）				
		0~5	5~10	10~15	15~20	20~25
F_1 建筑面积	平方米	77.54	77.98	87.46	87.90	87.94
F_2 朝向与楼层	得分	6.84	6.90	6.88	6.32	6.84
F_3 房龄	年	21.97	23.15	17.88	16.50	20.36
F_4 电梯与物业	得分	7.26	6.73	7.34	7.34	7.31
F_5 地铁站可达性	得分	5.04	4.77	2.97	2.06	2.45
F_6 办公便利性	得分	7.58	6.64	3.84	1.49	2.50
F_7 基础教育便利性	得分	6.78	6.64	4.10	1.99	2.47
F_8 商业服务便利性	得分	6.80	7.39	5.06	2.14	2.27
F_9 公园可达性	得分	3.62	3.86	2.42	2.90	2.38
F_{10} 工厂临近性	得分	1.95	2.31	3.22	2.17	2.21
F_{11} 距CBD距离	米	31617	73877	117684	171330	219574

建筑特征因素方面，距CBD 10~25千米待租住房的建筑面积较大，距CBD 15~20千米待租住房的朝向与楼层得分相对较低，距CBD 10~20千米待租住房的房龄较新，距CBD 5~10千米待租住房的电梯与物业得分较低。总体上，距CBD较远的区域（10~25千米）待租住房的建筑特征相对较优。

便利性因素方面，在距CBD 0~20千米区间内，距CBD越远，住房的地铁站可达性、办公便利性、基础教育便利性的得分越低。距CBD 5~10千米住房的商业服务便利性得分最高，其次为距CBD 0~5千米的住房。值得注意的是，距CBD 20~25千米的住房，其地铁站可达性、办公便利性、基础教育便利性、商业服务便利性的得分均高于距CBD 15~20千米的住房。总体上，距CBD 15~20千米的住房的便利性最差。

环境因素方面，距CBD 5~10千米住房的公园可达性得分最高，其次为距 CBD 0～5 千米的住房。距 CBD 20～25 千米住房的公园可达性得分最低。在工厂临近性方面，距 CBD 10～15 千米住房的工厂临近性得分最高，表明其受工业污染的影响程度最大。距 CBD 0～5 千米住房受工业污染的影响程度最低。

区位因素方面，距离 CBD 越远的圈层，其区位条件越差。

第二节　广州都市区单套住房租金的核心影响因素研究

一、单套住房尺度的特征租金模型及其研究方法

根据本章第一节的内容，构建广州都市区住房的特征租金模型为：

$$HR = f(F1, F2, F3, \cdots, F11) \tag{4-1}$$

式中，HR 代表单套待租住房的月租金挂牌单价，$F1$，$F2$，$F3$，$\cdots$，$F11$ 分别表示住房租金的 11 个影响因素，分别为：建筑面积、朝向与楼层、房龄、电梯与物业、地铁站可达性、办公便利性、基础教育便利性、商业服务便利性、公园可达性、工厂临近性、距 CBD 距离。

特征租金模型的基本形式就是回归模型，普通最小二乘法（OLS）是最常用的方法。本案例基于该经典方法分析住房租金的影响因素和影响方向，OLS 模型可表示为：

$$y_s = \beta X_s + \varepsilon_s, \ [\varepsilon_s \sim N(0, \delta^2 I)] \tag{4-2}$$

式中，s 为广州都市区待出租的住房样本，共 29008 套；y_s 是第 s 套住房的租金；X_s 为租金影响因素 i 维行向量（$i=1, 2, \cdots, 11$），表示第 i 个影响因素变量在第 s 套住房的观测值；β 为 i 维列向量，是这些因素变量相对应的回归系数；ε 是模型的误差项，$\varepsilon_s \sim N(0, \delta^2 I)$ 表示误差项服从正态分布，并且方差一致，即误差与协方差矩阵的积为 0；I 代表单位矩阵。根据研究需要，本案例将 y_s（因变量）和 X_s 向量的各自变量值取自然对数

（即全对数模型）。

二、住房租金差异的核心影响因素分析

对前述选择的 11 个影响因素指标（自变量）和住房租金（因变量）数据进行对数标准化处理，以便消除量纲差异对结果带来的影响。首先对这 11 个指标进行共线性检验如表 4－7 所示。检验结果表明 11 个指标的 VIF 值都远低于 10，VIF 值最大的因素（办公便利性）也仅 5.0731，表明这 11 个因素之间不存在明显的共线性，全部可以纳入回归模型进行因素分析。

表 4－7　　　　广州都市区住房租金差异影响因素的共线性检验

影响因素	容差	VIF 值
F1 建筑面积	0.8609	1.1616
F2 朝向与楼层	0.9845	1.0157
F3 房龄	0.6307	1.5854
F4 电梯与物业	0.6834	1.4634
F5 地铁站可达性	0.6560	1.5245
F6 办公便利性	0.1971	5.0731
F7 基础教育便利性	0.3589	2.7865
F8 商业服务便利性	0.2421	4.1310
F9 公园可达性	0.9004	1.1107
F10 工厂临近性	0.7265	1.3765
F11 距 CBD 距离	0.5608	1.7833

对特征租金模型（OLS 形式）的标准化残差进行正态分布检验，结果表明，该模型的标准化残差符合正态分布特征，说明回归模型的精度较高。得出模型的 R^2 为 0.4772，调整 R^2 为 0.4770。广州都市区住房租金影响因素的回归系数及显著性等指标如表 4－8 所示。该结果表明，11 个因素对住房租金的影响全部显著，除了商业服务便利性外，其他 10 个因素的影响方向都符

合理论预期。这也印证了本书选择的影响因素指标体系基本合理。

表 4 - 8　　　　　　　广州都市区住房租金影响因素回归系数

因素类别（自变量）	回归系数	标准差	Z 统计值	p 值
F1 建筑面积	− 0. 3243 *	0. 0038	− 86. 0218	0. 0000
F2 朝向与楼层	0. 0220 *	0. 0036	6. 1723	0. 0000
F3 房龄	− 0. 1793 *	0. 0047	− 38. 1877	0. 0000
F4 电梯与物业	0. 1403 *	0. 0039	35. 5842	0. 0000
F5 地铁站可达性	0. 0625 *	0. 0034	18. 3411	0. 0000
F6 办公便利性	0. 0572 *	0. 0069	8. 2348	0. 0000
F7 基础教育便利性	0. 0379 *	0. 0056	6. 7816	0. 0000
F8 商业服务便利性	− 0. 0378 *	0. 0064	− 5. 9522	0. 0000
F9 公园可达性	0. 0129 *	0. 0022	5. 7469	0. 0000
F10 工厂临近性	− 0. 0563 *	0. 0028	− 19. 8194	0. 0000
F11 距 CBD 距离	− 0. 2444 *	0. 0034	− 71. 0578	0. 0000
常数项	7. 6543 *	0. 0427	179. 1643	0. 0000

注：＊表示在 0. 01 水平上显著。

由于对自变量和因变量都进行了对数标准化处理，因此，可根据回归系数大小判断各因素对住房租金的影响弹性，进而探索出对住房租金有显著影响的核心因素。总体上，建筑特征和区位特征对住房租金的影响最强，便利性特征和环境特征的影响相对较弱。

在建筑特征方面，有 3 个因素的回归系数绝对值大于 0. 1，其中，建筑面积的回归系数为 − 0. 3243，其回归系数的绝对值最高，说明住房建筑面积每增加 1%，租金单价降低 0. 3243%。建筑特征的 4 个因素对住房租金的影响由强到弱分别为：建筑面积 > 房龄 > 电梯与物业 > 朝向与楼层。这说明，整套住房的面积越小，租金单价越高。租户在租房选择过程中，在租金支付能力一定的前提下，更倾向于租住"中小户型住房"，这符合中国城市租房市场的特征。房龄反映了住房的新旧程度，房龄越大，越不受租户青睐，其租金越低，这符合理论预期。另外，租户对电梯和物业管理情况也较为关注，电梯代表了垂直交通的便利性，物业管理情况可在一定程度上反映其住房所在小区/楼盘的建设档次。朝向和楼层对房租的影响相对较弱，其回归系数绝对值远低于建筑特征的其他3个因素。

在便利性特征方面，地铁站可达性和办公便利性的系数相对较高，其次为基础教育便利性，而商业服务便利性对住房租金的影响为负，与理论预期相反。这说明，广州都市区租户的租房选择是以就业和通勤为核心导向，教育其次，而商业服务的影响不符合理论预期。就业和日常通勤主要都是"为了工作"。因此，从居民租房区位选择的3个驱动导向上看，"为了工作"占据主导，其次是"为了孩子"，而"为了消费方便"则不显著。商业服务便利性对住房租金影响为负的原因在于，商业服务设施对居住舒适程度来说是"双刃剑"，商业设施为日常生活带来消费方便的同时，也带来嘈杂、混乱和不安全感，尤其是过于接近较多的商业服务设施会降低居住品质。而本案例研究中，商业服务设施的负面作用影响更为明显，因此对租金的影响为负。

在环境特征方面，公园可达性和工厂临近性对租金有显著影响。其中，工厂临近性的回归系数绝对值高于公园可达性，因此工业污染是影响租金不可忽略的重要环境因素。公园可为附近区域带来良好的环境和景观感受，并提供休闲空间，还可改善城市小气候，但对租金的影响程度要弱于工厂临近性因素。

在区位特征方面，距 CBD 距离对住房租金有非常显著的负向影响。与市中心的距离每增加1%，租金下降0.2444%。该数值高于便利性特征和环境特征的所有因素，仅低于建筑特征的建筑面积和房龄，这印证了区位条件对住房租金的核心影响作用。

在上述10个符合理论预期的显著影响因素中（如图4-2所示）：建筑面积、距 CBD 距离、房龄是住房租金的3个最关键核心影响因素；电梯与物业、地铁站可达性、办公便利性、工厂临近性也是4个核心影响因素；基础教育便利性、朝向与楼层、公园可达性是3个一般影响因素。鉴于此，在分析广州都市区住房租金差异的影响因素时，可重点关注建筑面积、距 CBD 距离、房龄、电梯与物业、地铁站可达性、办公便利性、工厂临近性7个核心因素。这其中，建筑特征的因素最多，达到3个，地铁站可达性、办公便利性、工厂临近性、距CBD距离分别代表了便利性特征、环境特征和区位特征。也验证了本书特征租金模型"四要素"框架的合理性。

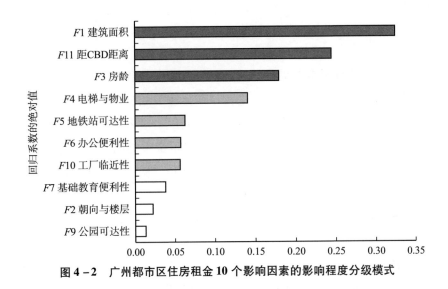

图4-2 广州都市区住房租金10个影响因素的影响程度分级模式

三、研究结论与讨论

(一) 研究结论

通过对广州都市区单户住房租金影响因素的案例研究，得出以下主要结论：

第一，在研究城市内部住房租金影响因素时，可采用本书构建的特征租金理论及其特征租金模型。该模型将住房特征划分为建筑特征、便利性特征、环境特征、区位特征4个方面，形成了"四分法"要素框架，更适合租房市场的特点。

第二，建筑特征（建筑面积、朝向与楼层、房龄、电梯与物业）、便利性特征（地铁站可达性、办公便利性、基础教育便利性）、环境特征（公园可达性、工厂临近性）和区位特征（距CBD距离）共4个方面的10个因素对广州都市区住房租金差异有显著影响且影响方向符合理论预期。

第三，建筑面积、距 CBD 距离、房龄是住房租金的 3 个最关键核心影响因素；电梯与物业、地铁站可达性、办公便利性、工厂临近性也是 4 个核心影响因素。

（二）讨论

本案例研究验证了本书提出的特征租金理论框架和特征租金模型。在租房导向下，将住房特征的构成要素进行"四分法"划分，突出了便利性特征和环境特征，这比传统特征价格模型（"三分法"）更符合中国城市租房市场的特点（王洋等，2021）。未来研究城市住房租金影响因素时，可采用本书提出的理论框架和住房特征"四分法"划分视角，从中选取相应的指标进行研究。

实证研究结论厘清了广州租房市场的核心因素。建筑特征仍然是租房户租房选择过程中最看重的因素，说明住房的基本居住品质是租房户首先考虑的因素。这与张若曦和贾士军（2014）对广州的研究结论一致。除了住房自身因素外，区位条件（距 CBD 距离）依然是租房户租房时考虑的关键因素，这与城市经济学的经典理论和基本认知相符，也表明区位条件在租房市场起到不可或缺的作用。地铁站可达性和办公便利性是租房市场中不可忽视的重要因素，这在实证研究的角度回答了西方理论中关于居住区位选择的三个观点，即"为了工作""为了孩子（基础教育方便）""为了享受生活（消费方便）"。本书研究表明，在中国特大城市，"为了工作方便"是租房的最核心动机，是"三个导向"中的核心。该结论与已有基于南京（尹上岗等，2018）、武汉（鲁羽西等，2019）的案例研究结果基本相符。在研究广州都市区住房租金因素时，当数据获得受限、仅需粗略研究或开展基本理论分析（尽可能简化模型）时，可重点从这些核心影响因素切入，进而将复杂问题简单化。

值得注意的是，社会与文化因素也对房租有不可忽视的影响，但由于数据获取限制，本书没有纳入该类型因素，未来应进一步补充完善。在研究方法上，未来可通过全局空间回归模型（如 SEM 模型、SLM 模型）进一步分析，并与 OLS 模型进行对比。另外，不同类型人群的住房租赁需求不同，未来可进一步采用问卷调查或访谈分析租房选择的人群差异特征，这有助于加强对租金因素形成机制的理解。还可从住房子市场的视角出发，进一步研究不同类别住房的租金影响因素差异，从多角度甄别核心影响因素。

本书的研究结论对中国特大城市租房市场管理和租赁住房（尤其是公共租赁住房）的精准化供应提供了参考依据。首先，建议新建商品房须按一定比例配建租赁住房，并在租房需求旺盛的区域适当提高配建比例要求，以满足租赁市场需求；其次，在新建公共租赁住房时，宜加大对整套中小户型租赁房源的供应，以便满足多数租房户的基本居住需求并减轻租房成本压力；再其次，可通过增加优势区位用地收储力度、推进城市更新和直管公房改造等多种方式，更多地在优势区位或临近主要就业集聚区供应公共租赁房源，以满足租房户的工作便利性需求；最后，出台或细化相关法规及管理办法，在建筑质量、房屋设施、物业管理、通风采光、安全等方面明确租赁住房的入市标准，以保障租房户享有符合基本要求的居住品质和居住体验（王洋等，2021）。

第五章

社区尺度下特征租金理论模型的应用案例

　　本章以广州中心城区住房租金影响因素的空间异质性研究为案例，在分析住房租金空间差异特征的基础上，在社区尺度下验证本书提出的特征租金理论模型。构建四大要素 11 个因素指标的广州中心城区住房租金影响因素指标体系，以广州中心城区 1043 个社区为基本研究单元，以第六次人口普查及 POI 点为主要数据，通过比选全局回归模型和局部回归模型，得出半参数地理加权回归模型比传统全局回归模型更有效。房龄、住房建筑面积、住房内部设施、租房户比例、就业和购物便利性、流动人口比例、距市中心距离这7 个因素对广州中心城区住房租金的影响存在空间变异性。研究结论有助于进一步理解城市内部一些因素对住房租金影响的空间局限性。这为相关管理者制定空间差异化的住房租赁政策提供了案例和决策依据，也为建设宜居城市提供了理论支持。

第一节　广州中心城区社区住房租金水平及其影响因素的差异特征

一、社区住房租金水平的空间差异特征

（一）社区住房租金水平的估算

社区平均租金的估算方法如下：第六次人口普查数据将每户租金区间划分为 $[0，100)$、$[100，200)$、$[200，500)$、$[500，1000)$、$[1000，1500)$、$[1500，2000)$、$[2000，3000)$、$[3000，+∞)$ 共 8 个区间（单位：元）。为了便于估计租金，将区间值转化为租金估计值，上述租金区间分别估计为 50 元、150 元、350 元、750 元、1250 元、1750 元、2500 元、4000 元。然后根据社区内不同租金值的租房户比例估算社区平均租金（王洋，2017），方法如下：

依据各社区月租金分段数值及其该租金段的住户比例，估算某社区的平均租金 R，计算方法为：

$$R = \sum_{i=1}^{k} r_i f(r_i) \qquad (5-1)$$

式中，r_i 是某一社区中第 i 个租金段的租金估计值，k 为租金段划分的个数，$f(r_i)$ 为第 i 个租金段的住户数占该社区总住户数的比重，表示为：

$$f(r_i) = \frac{p_i}{\sum_{i=1}^{k} p_i} \qquad (5-2)$$

式中，p_i 为该社区第 i 个租金段的住户数。

（二）社区住房租金水平的空间差异特征

本章案例研究的租金指整套住房的月租金总价，通过前述方法估算出广州中心城区1043个社区的租金水平。前述的8个租金等级区间对应的社区数量分别为6个、16个、317个、385个、174个、74个、59个、12个。每个住房租金等级的社区数量分布，如图5-1所示。图5-1表明，不同社区住房租金等级数量呈现"中间多、两端少"的分布形态，其中，月租金为500~1000元/套区间的社区数量最多，达到385个，其次为200~500元/套区间，社区数量为317个。

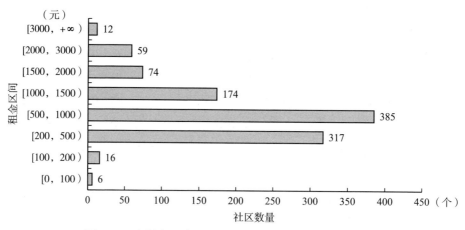

图5-1　广州中心城区不同社区住房租金等级的数量分布

广州中心城区及其不同功能地域社区住房租金水平的描述性统计如表5-1所示。表5-1数据表明，广州中心城区的社区租金水平均值为878.03元/月，中位数为669.35元/月。不同地域范围的社区租金水平呈现明显的空间差异。其中，旧城的社区租金水平最低，核心区最高，城区居中。标准差可体现不同地域内部社区租金水平的离散程度，即内部差异程度。核心区内，社区租金的差异程度最高，旧城内的社区租金差异最小。

表5-1 　　　　广州中心城区住房租金差异影响因素的描述性统计　　　　单位：元/月

影响因素	中位数	均值	标准差
旧城	508.46	592.10	392.09
核心区	985.22	1150.93	721.89
城区	663.80	844.31	577.90
研究区（广州中心城区）	669.35	878.03	624.17

（三）住房租金的空间变异性分布格局

采用半变异函数分析住房租金的空间变异性分布格局。半变异函数可以分析随着住房间距离的增大，其租金差异的变化情况。分别计算旧城、核心区、城区各自的半变异函数及其相关指标值。以旧城为例，采用最临近距离分析法，计算出住房点的平均观测距离，并取整数，作为步长。测量旧城范围内住房点之间的最大距离，用最大距离的1/2值除以步长得出步长数（取整数），以保证步长乘以步长数不大于但接近住房点间最大距离的0.5倍（毛学刚等，2011）。对住房租金数据采用对数标准化处理，使其数据分布特征更接近于正态分布。利用泛克里格中的二阶拟合方法，采用高斯（Gaussian）模型进行拟合，进而得出半变异函数的相应结果值。同理，计算核心区和城区的半变异函数。三个圈层地域的半变异函数拟合结果如表5-2以及图5-2至图5-4所示。

表5-2 　　　　广州中心城区各圈层地域住房租金的半变异模型各参数值

地区	基台值	块金值	块金系数	变程值	步长（米）	步长数
旧城	0.2423	0.2268	0.9360	508.9569	220	15
核心区	0.2714	0.1037	0.3821	343.7439	310	20
城区	0.2914	0.2211	0.7588	436.2312	500	27

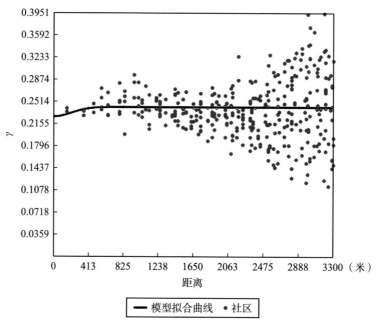

图 5 - 2　广州旧城住房租金的半变异模型拟合曲线

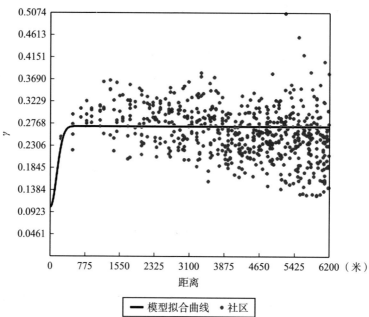

图 5 - 3　广州核心区住房租金的半变异模型拟合曲线

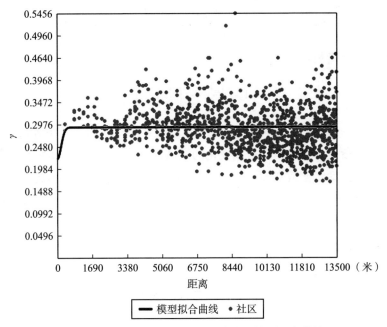

图 5 - 4　广州城区住房租金的半变异模型拟合曲线

上述结果表明，城区的基台值高于核心区和旧城，说明城区的住房租金总体空间异质性程度最高。旧城的块金系数最高，表明旧城住房租金具有相对偏弱的空间相关性，而核心区住房租金的空间相关性最强。在变程值方面，旧城的变程值最高，说明旧城住房租金的空间关联影响范围最大。

（四）社区住房租金水平的总体差异程度

采用泰尔指数、广义熵指数、阿特金森指数测度不同功能地域住房租金的总体差异程度（Theil，1967；Shorrocks，1980；Atkinson，1970；王洋等，2013a）。上述 3 个指数分别可表示为：

泰尔指数：

$$T = \frac{1}{n} \sum_{i=1}^{n} \frac{x_i}{\mu} \log \frac{x_i}{\mu} \tag{5-3}$$

广义熵指数：

$$GE = \frac{1}{n} \frac{1}{c(c-1)} \sum_{i=1}^{n} \left[\left(\frac{x_i}{\mu} \right)^c - 1 \right], \quad c \neq 0, 1 \qquad (5-4)$$

阿特金森指数：

$$A = 1 - \left[\frac{1}{n} \sum_{i=1}^{n} \left(\frac{x_i}{\mu} \right)^{1-\varepsilon} \right]^{\frac{1}{(1-\varepsilon)}} \qquad (5-5)$$

式中，x_i 是第 i 个社区的住房租金，μ 为全部社区的住房租金均值，n 为社区个数。参数 c 用于测定指数变化的灵敏性，当 $c < 2$ 时，其所测指数的变化较为灵敏，本案例取 0.5。ε 是一个与差异值灵敏度有关的参数，取值范围大于 0，ε 越大，给租金相对较低的社区赋予的权重越大，本案例计算时 ε 值取 0.5。

分别计算旧城、核心区、城区的上述指数值，如表 5-3 所示。结果表明，旧城内部住房租金的总体差异程度相对较低，城区内部住房租金的总体差异程度相对较高，核心区的总体差异程度处于中等水平。

表 5-3　　　　　　广州中心城区各圈层地域的住房租金总体差异指数

指数类型	旧城	核心区	城区
泰尔指数	0.1648	0.1785	0.1988
广义熵指数	0.1541	0.1804	0.1956
阿特金森指数	0.0756	0.0882	0.0954

二、社区住房租金影响因素的空间差异特征

（一）社区住房租金影响因素的指标体系与评价方法

基于本书提出的特征租金理论框架及其特征租金模型，从广州中心城区社区特点和数据可得性出发，选择了 11 个影响因素指标，分别为：房龄、户均建筑面积、住房内部设施、租房户比例、就业和购物便利性、社会公共服务便利性、优质环境实体可达性、厌恶型设施临近性、失业率、流动人口比例、距市中心距离。

1. 建筑特征

在建筑特征方面，选择房龄、户均建筑面积、住房内部设施、租房户比例4个因素。其中，前3个因素属于单户住房的特有特征，是用来评价建筑特征的常用指标（Goodman and Thibodeau，2003；Phe and Wakely，2000；Stevenson，2004；Wittowsky，Hoekveld，Welsch and Steier，2020），从理论上讲，较新（房龄较小）、较大的建筑面积和更好内部设施的住房通常有更高的租金。租房户比例是社区共有特征。住房产权的归属是居民社会地位的主要决定因素（Saunders，1978）。随着房价的快速上涨，拥有住房产权和没有住房产权（租房）居民之间的贫富差距不断扩大，形成了社会分层（Huang and Jiang，2009；Yi and Huang，2014）。有研究表明，一个社区中出租房屋的比例越高，暴力犯罪率就越高（Lockwood，2007）。这是因为，一方面，居住在租赁住房的居民通常收入较低；另一方面，租房居住的人口通常不稳定，导致社区安全感降低。因此，租房户比例是社区软环境的一个可供参考的评价指标，理论上，租房户比例越高，社区软环境越差。

2. 便利性特征

在便利性特征方面，选择就业和购物便利性、社会公共服务便利性2个因素。就业和购物便利性包括办公场所可达性、地铁站可达性、购物场所可达性；社会公共服务便利性包括基础教育便利性、医疗服务便利性、文体活动便利性。实证研究发现，上述便利性因素可影响居住区位选择（Cervero and Wu，1997；Humphreys and Ahern，2019；Kim，Pagliara and Preston，2005），并作为特征价格模型的重要组成部分（Cao et al，2019；Qin and Han，2013；Yang，Wang，Zhou and Wang，2018）。

3. 环境特征

在环境特征方面，主要选择优质环境实体可达性、厌恶型设施临近性、失业率、流动人口比例4个因素。其中，前2个因素属于实体环境范畴，后2个因素为社会环境范畴。实体环境可进一步划分为积极的实体环境和消极的实体环境（Wang et al, 2020）。

积极的实体环境可通过优质环境实体可达性评价。案例研究表明，公园（Czembrowski and Kronenberg, 2016）、滨水区（Kim, Boxall and Adamowicz, 2019）、著名地标（Chu and Wen, 2018）是优质的实体环境，对居民的居住区位选择有正面的吸引作用，理论上会提升住房租金。

消极的实体环境可根据厌恶型设施临近性来评价，包括厌恶型交通设施、市政设施和工厂。这些设施往往会对环境产生负面影响（Rava et al, 2011）。交通设施包括交通枢纽设施（如机场、火车站、长途汽车站）和影响环境的主要交通走廊（如公路、高架公路、铁路）。典型的市政设施包括高压走廊、信号传输塔、殡仪馆、加油站、变电站、污水处理厂、垃圾处理场等。交通和市政设施可能在空气质量、气味、辐射、卫生、噪声和安全等方面对周边临近区域产生（或潜在产生）环境影响，从而降低住房价值（Banfi, Filippini and Horehájová, 2008；Brasington and Hite, 2005；Diao, Qin and Sing, 2016；Gurran and Phibbs, 2017；Nelson, Genereux and Genereux, 1992）。工厂可能对周边区域产生噪声和空气污染，同时也是负面的景观特征，因此工厂也可降低其附近住房的价值（Li and Brown, 1980；Wang, Zhao and Sobkowiak et al, 2015）。

在社会环境方面，可采用失业率和流动人口评价社会环境。失业率是衡量区域安全感和吸引力的重要指标。失业者相对容易产生对社会的消极和不满情绪，也可能容易引发妨害社会管理秩序、侵犯公民人身财产权利等行为。研究表明，失业率上升将导致犯罪率上升（Raphael and Winter-Ebmer, 2001）。另外，较高失业率的社区，其总体收入水平往往较低，职业阶层也较低，对住房租金的承受能力也较差。因而，失业率越高，社区的社会环境越差，其租金的水平也越低。流动人口对社会环境有两方面的影响。一方面，流动人口体现了区域的活力和吸引力。在中国，越发达的城市，流动人口的比重和数量越高。因此，从这个角度看，流动人口对社会环境有积极的影响。另一方面，从城市安全的角度看，流动人口数据与犯罪发生概率有明显的关联特征，流动人口越高，犯罪率越高（Cahill and Mulligan, 2007；Jiang, Land and Wang, 2013）。因此，流动人口集聚的社区，其安全性相对较低，社会环境越差。综上所述，理论上，流动人口对社会环境有正负两种影响，因而对住房租金的影响方向也有正负两种可能。但从租房需求角度看，由于流动人口租房的概率较大，因而流动人口比例较高的社区，住房租金可能较高，因此，理论上流动人口比例与住房租金正相关的可能性更高。

4. 区位特征

在区位特征方面，将距市中心距离作为评价区位特征的因素指标。CBD 往往是城市的中心，距 CBD 距离是评价区位特征最常用度量标准（Wang et al，2020；Wu，Wang，Li，Peng and Huang，2015）。区位是住房选择过程中考虑的重要因素（Schirmer，van Eggermond and Axhausen，2014）。理论上，距市中心越近，住房的区位优势度越高，住房租金越高。

5. 影响因素的综合指标体系及其评价方法

上述每项因素的指标、计算方法或过程及对住房租金的理论影响方向如表 5 – 4 和表 5 – 5 所示。

表 5 – 4　　广州中心城区住房租金差异影响因素指标体系及其计算方法

特征租金 因素视角	影响因素指标	评价思路或方法	预期影响 方向
HR1 建筑特征	F1 房龄	社区房龄平均得分	负向
	F2 住房建筑面积	社区单户住房建筑面积平均得分	正向
	F3 住房内部设施	由炊事燃料、管道自来水、厨房、厕所、洗澡设施的得分共同评价	正向
	F4 租房户比例	每百人社区住户中拥有的租房户户数（单位：户）	负向
HR2 便利性特征	F5 就业和购物便利性	由地铁站点可达性、主要办公场所可达性、主要零售业场所可达性的得分共同评价	正向
	F6 社会 公共服务便利性	由基础教育便利性、医疗服务便利性、文体活动便利性的得分共同评价	正向

特征租金因素视角	影响因素指标	评价思路或方法	预期影响方向
HR3 环境特征	F7 优质环境实体可达性	由公园可达性、滨水可达性、著名地标可达性的得分共同评价	正向
	F8 厌恶型设施临近性	由厌恶型市政设施（含交通设施）和工厂的得分共同评价	负向
	F9 失业率	每百人经济活动人口中的失业人口数。其中，经济活动人口＝就业人口＋失业人口（单位：人）	负向
	F10 流动人口比例	每百人社区常住人口中拥有的流动人口数（单位：人）	正/负向
HR4 区位特征	F11 距市中心距离	距广州国际金融中心大厦（珠江新城西塔）的距离（单位：千米）	负向

注：为了使评价结果更科学，在空间分析时，作为支撑评价结果的各类基础地理信息数据均扩展到范围更大的广州都市区，这样的优点是避免中心城区边界附近的住房评价分值被误估，使分析结果考虑到了中心城区范围外的各类设施对中心城区内住房的影响。

表5-5　广州中心城区住房租金影响因素指标的具体评价思路或计算方法

影响因素	子系统指标	评价指标强度及其对应赋予的分值或计算方法
F1 房龄	房龄得分	住房建成年份在：2000年以后（1分），1990~1999年（3分），1980~1989年（5分），1970~1979年（6分），1960~1969年（7分），1949~1959年（8分），1949年之前（9分）
F2 住房建筑面积	住房建筑面积得分	≤10平方米（1分），10.01~20.00平方米（2分），20.01~50.00平方米（3分），50.01~80.00平方米（4分），80.01~110.00平方米（6分），110.01~140.00平方米（7分），140.01~200.00平方米（8分），>200平方米（9分）
F3 住房内部设施	炊事燃料得分	有燃气（9分），无燃气（电、煤炭、柴草、其他）（1分）
	管道自来水得分	有管道自来水（9分），无管道自来水（1分）
	厨房得分	独立使用厨房（9分），与其他户合用厨房（5分），无厨房（1分）

续表

影响因素	子系统指标	评价指标强度及其对应赋予的分值或计算方法
F3 住房内部设施	厕所得分	独立使用抽水式厕所（9分），合用抽水式厕所（5分），独立使用其他样式厕所（3分），合用其他样式厕所（1分）
	洗澡设施得分	统一供热水或家庭自装热水器（9分），其他洗澡设施（5分），无洗澡设施（1分）
F4 租房户比例	每百人租房户户数	每百人租房户户数＝社区租房户户数÷社区总户数×100（单位：户）
F5 就业和 购物便利性	地铁站点 可达性得分	位于地铁站200米范围内（9分），位于地铁站201～400米范围内（7分），位于地铁站401～800米范围内（5分），位于地铁站801～1500米范围（3分），位于地铁站1500米范围外（1分）
	主要办公场所 可达性得分	位于主要办公地点（写字楼、机关、事业单位）核密度3个标准差以上（含3个标准差）的范围内（9分），位于主要办公地点核密度2～3个标准差（不含3个标准差）范围（7分），位于主要办公地点核密度1～2个标准差（不含2个标准差）范围（5分），位于主要办公地点核密度均值面0～1个标准差（不含1个标准差）范围（3分），位于主要办公地点核密度低于均值面的范围内（1分）
	主要零售业场 所可达性得分	位于零售业网点核密度3个标准差面以上（含3个标准差）的范围内（9分），位于零售业网点核密度2～3个标准差（不含3个标准差）范围（7分），位于零售业网点核密度1～2个标准差（不含2个标准差）范围（5分），位于零售业网点核密度均值面0～1个标准差（不含1个标准差）范围（3分），位于零售业网点核密度低于均值面的范围内（1分）
F6 社会公共 服务便利性	基础教育 便利性得分	社区范围内拥有省级重点小学（9分），社区范围内拥有市级重点小学（7分），其他未拥有省市级重点小学的社区距离省市级重点小学500米范围内（5分），其他未拥有省市级重点小学的社区距离普通小学500米范围内（3分），其他未拥有省市级重点小学的社区距离所有小学500米范围外（1分）
	医疗服务 便利性得分	距三甲医院2000米内（9分），距三甲医院2000米外且距普通医院2000米内（5分），距三甲医院2000米外且距普通医院2000米外（1分）
	文体活动 便利性得分	社区1000米范围内的文化馆、图书馆、博物馆、青少年活动中心、科技馆、主要体育场馆的总数：≥25个（9分），20～24个（8分），15～19个（7分），10～14个（6分），8～9个（5分），6～7个（4分），4～5个（3分），2～3个（2分），0～1个（1分）

影响因素	子系统指标	评价指标强度及其对应赋予的分值或计算方法
F7 优质环境实体可达性	公园可达性得分	距公园200米范围内（9分）、距公园201～400米（7分）、距公园401～800米（3分）、距公园800米外（1分）
	滨水可达性得分	距河湖200米范围内（9分）、距河湖201～400米（7分）、距河湖401～800米（3分）、距河湖800米外（1分）
	著名地标可达性得分	距著名地标500米范围内（9分）、距离著名地标501～1000米（5分）、距离著名地标1000米以外（1分）
F8 厌恶型设施临近性	厌恶型市政设施与交通设施临近性得分	各厌恶型设施临近范围定义如下：火车站（500米）、长途汽车站（500米）、高速公路和高架路（200米）、铁路（80米）、加油站（80米）、殡仪馆（1000米）、变电站（500米）、污水处理厂（2000米）、垃圾处理场（4000米）。没有厌恶型设施临近（1分），有1种厌恶型设施临近（2分），有2种厌恶型设施临近（3分），……，有8种或8种以上厌恶型设施临近（9分）
	工厂临近性得分	位于工厂核密度低于均值面的范围内（1分），位于工厂核密度均值面0～1个标准差（不含1个标准差）范围（3分），位于工厂核密度1～2个标准差（不含2个标准差）范围（5分），位于工厂核密度2～3个标准差（不含3个标准差）范围（7分），位于工厂核密度3个标准差面以上（含3个标准差）的范围内（9分）
F9 失业率	每百人失业人口数	每百人失业人口数＝失业人口数÷经济活动人口数×100（单位：人）经济活动人口＝就业人口＋失业人口（单位：人）
F10 流动人口比例	每百人流动人口数	每百人流动人口数＝社区流动人口数÷社区常住总人口数（单位：人）
F11 距市中心距离	距市中心的直线距离	社区中心点距广州国际金融中心大厦（珠江新城西塔）的距离（单位：千米）

注：以标准差面作为得分阈值的解释如下：根据正态分布规律，核密度生成的均值±1个、2个、3个标准差约涵盖总数据量的68%、95%、99%（Yu et al, 2015；吴康敏等, 2016）。

以住房建筑面积因素的指标得分计算为例，单个社区平均住房建筑面积得分（BA）的计算方式如下（王洋等, 2017d）：

$$BA = \sum_{q=1}^{k} s_q f(s_q) \qquad (5-6)$$

式中，S_q 是社区内第 q 个建筑面积区间的对应得分，k 为建筑面积的区间划分数，$f(S_q)$ 为第 q 个建筑面积区间住户数占该社区总住户数的比例。

房龄得分、炊事燃料得分、管道自来水得分、厨房得分、厕所得分、洗澡设施得分的评价思路和方法与此一致。

住房内部设施、就业和购物便利性、社会公共服务便利性、优质环境实体可达性、厌恶型设施临近性是复合指标，需通过其各自的子指标通过加权计算得出得分。以社会公共服务便利性为例，单个社区的社会公共服务便利性得分（$SPSC$）可通过如下方式计算：

$$SPSC = \sum_{p=1}^{m} (w_p \times S_p) \qquad (5-7)$$

式中，S_p 为社会公共服务便利性的第 p 个子指标得分值，m 为子指标数量，w_p 为第 p 个子指标权重，通过因子分析的方法计算得出。

（二）住房租金影响因素的差异特征

根据上述评价方法得出广州中心城区各社区住房租金的影响因素数值，其描述性统计如表 5-6 所示。不同功能地域的影响因素具有空间差异性特征。旧城、核心区、城区之间的各影响因素平均值如表 5-7 所示。结果表明，不同地域范围的影响因素数值具有空间差异性特征。其中，旧城的房龄最大、住房建筑面积最小、住房内部设施最差、租房户比例最高，这些体现出旧城的住房建筑特征最差。但同时，旧城的就业和购物便利性、社会公共服务便利性、优质环境实体可达性最好。另外，旧城的失业率最高、流动人口比例最低；在核心区，住房建筑面积最大、住房内部设施最好、租房户比例最低，这表明总体上核心区的住房建筑特征最好。核心区受厌恶型设施的影响最低、距市中心距离最近；城区的房龄最新、失业率最低，但城区的就业和购物便利性、社会公共服务便利性、优质环境实体可达性最差，受厌恶型设施影响最大，并且，距市中心距离最远、流动人口比例最高。这表明总体上，相比于旧城和核心区，城区的住房便利性特征、环境特征和区位特征最差。

表5-6　　　　广州中心城区住房租金差异影响因素的描述性统计

影响因素	单位	最小值	中位数	最大值	均值	标准差
$F1$ 房龄	得分	1.0000	3.4681	7.8243	3.5507	1.3732
$F2$ 住房建筑面积	得分	1.2500	4.0769	8.2772	4.2270	0.9121
$F3$ 住房内部设施	得分	5.6602	8.4712	9.0000	8.3768	0.5286
$F4$ 租房户比例	%	0.2217	31.1594	100.0000	37.6296	26.7246
$F5$ 就业和购物便利性	得分	1.0000	5.0874	9.0000	4.9928	2.4319
$F6$ 社会公共服务便利性	得分	1.0000	5.4179	9.0000	5.1032	1.3293
$F7$ 优质环境实体可达性	得分	1.0000	3.7131	8.2855	3.5280	1.4998
$F8$ 厌恶型设施临近性	得分	1.0000	2.0000	8.0000	2.1918	1.3832
$F9$ 失业率	%	0.0000	6.7708	29.9320	7.6577	5.0314
$F10$ 流动人口比例	%	0.0000	22.8542	97.4416	30.4709	22.3695
$F11$ 距市中心距离	千米	0.4685	6.6712	15.4556	6.6219	2.7264

表5-7　　　　广州中心城区不同地域范围的住房租金影响因素平均值

影响因素	单位	旧城	核心区	城区
$F1$ 房龄	得分	4.8054	3.6451	2.9029
$F2$ 住房建筑面积	得分	3.7290	4.5792	4.2441
$F3$ 住房内部设施	得分	8.0410	8.6115	8.3901
$F4$ 租房户比例	%	44.9653	22.7651	43.3383
$F5$ 就业和购物便利性	得分	7.3911	6.1194	3.1716
$F6$ 社会公共服务便利性	得分	5.7257	5.7061	4.4393
$F7$ 优质环境实体可达性	得分	4.0676	3.8792	3.0581
$F8$ 厌恶型设施临近性	得分	2.0468	1.6201	2.6120
$F9$ 失业率	%	10.1768	7.4760	6.5856
$F10$ 流动人口比例	%	18.7861	19.0024	43.0273
$F11$ 距市中心距离	千米	6.9213	4.0915	8.0399

总体上，在建筑特征方面，旧城最差，核心区最好。在便利性特征、环境特征和区位特征方面，城区最差，旧城和核心区相对较好。

第二节 广州中心城区社区住房租金水平影响因素的空间异质性

一、社区尺度的特征租金模型及其研究方法

（一）广州中心城区住房特征租金的基本模型

根据本书第三章内容，构建广州中心城区住房的特征租金模型为：

$$HR = f(F1, F2, F3, \cdots, F11) \qquad (5-8)$$

式中，HR 代表社区住房的平均租金水平，$F1$，$F2$，$F3$，$\cdots$，$F11$ 分别表示住房租金的 11 个影响因素，分别为：房龄、户均建筑面积、住房内部设施、租房户比例、就业和购物便利性、社会公共服务便利性、优质环境实体可达性、厌恶型设施临近性、失业率、流动人口比例、距市中心距离。上述指标的计算方法和数据来源见本书第五章第一节。

（二）OLS 模型

基于上述基本的特征租金模型，采用全局回归模型对广州中心城区住房租金的影响因素进行分析。该分析的目的是核实上述选定的因素指标是否合理，并验证这些指标是否对住房租金产生显著影响。为了研究住房租金的影响因素，常用的方法是普通最小二乘法（OLS）。OLS 是研究因变量与自变量之间线性关系的模型。它基于变量之间相互独立且忽略其空间信息的假设。OLS 模型可分析广州中心城区的住房租金的全局影响因素和影响方向。OLS模型可表示为（王洋等，2020）：

$$y_s = \sum_{i=1}^{n} \beta_i x_{si} + \beta_0 + \varepsilon_s, \ [\varepsilon_s \sim N(0, \delta^2)] \qquad (5-9)$$

式中，$s = 1, \cdots, 1043$，表示广州中心城区的社区样本，也是本案例研究的基本研究单元；y_s 表示第 s 个社区的住房租金；$x_{si}(i = 1, \cdots, 11)$ 为住房租金影响因素变量；β_i 为第 i 个因素变量的回归系数；β_0 为常数项；ε_s 代表特征租金模型的误差项，$\varepsilon_s \sim N(0, \delta^2)$ 表示误差项服从正态分布，并且方差一致，即误差与协方差矩阵的积为 0。本章研究的因变量和自变量都采用自然对数方式进行标准化处理。

（三）地理加权回归模型

地理加权回归（GWR）模型允许在整个空间内独立变量和因变量之间的关系发生局部空间变化（Radoslaw et al, 2020；Wang et al, 2021），即回归参数会随着空间位置的变化而变化（Brunsdon et al, 1996），这大大提高了模型的精度。经典的 GWR 模型可表示为（Wang et al, 2021）：

$$y_s = \beta_0(u_s, v_s) + \sum_{i=1}^{n} \beta_i(u_s, v_s)x_{si} + \varepsilon_s, \ [\varepsilon_s \sim N(0, \delta^2 I)]$$

$$(5-10)$$

式中，β_i 代表第 i 个因素指标的局部变量回归系数；(u_s, v_s) 是社区 s 的地理位置坐标，$\beta_0(u_s, v_s)$ 是社区 s 的回归模型的常数项，$\beta_i(u_s, v_s)$ 是社区 s 回归模型中第 i 个变量的回归系数，该系数随位置变化而变化；ε_s 为误差项。如果同时存在局部变量和全局变量，可采用半参数地理加权回归（SGWR）模型。本章研究对住房租金（因变量）和影响因素（自变量）的数据进行对数标准化处理。

采用加权最小二乘法估计研究区内任意社区 (u_s, v_s) 的弹性系数（Mou et al, 2017；Wang et al, 2021），选择自适应带宽的二次核函数（Bi-square kernel function）计算社区间的权重（沈体雁和于瀚辰，2019）。本章研究中，广州旧城和核心区的社区比城区的社区面积更小、更密集。因此，当社区密集分布时，带宽距离将变小，而当社区分布稀疏时，带宽距离将较大。为了获得最佳带宽，本章采用修正的赤池信息准则（AICc）方式计算（沈体雁和于瀚辰，2019；Mou et al，2017；Wang et al，2021）。

二、社区住房租金水平影响因素的空间异质性

（一）基于 OLS 模型的全局影响因素

有必要采用全局回归模型分析住房租金的主要影响因素、影响方向和影响程度。在全局回归模型中，OLS 最常用。首先采用 SPSS 19.0 对所有指标进行共线性检验，如表 5–8 所示。结果表明，11 个因素之间不存在共线性。因此将 11 个因素指标全部纳入 OLS 模型中。进一步地，对 OLS 模型的标准化残差进行正态分布检验，结果表明，该模型的标准化残差符合正态分布特征，说明回归模型的精度较高。

表 5–8　　　　　　　　社区住房租金各影响因素的共线性检验

影响因素	容差	VIF 值
F1 房龄	0.470	2.130
F2 住房建筑面积	0.332	3.015
F3 住房内部设施	0.491	2.037
F4 租房户比例	0.359	2.787
F5 就业和购物便利性	0.557	1.795
F6 社会公共服务便利性	0.630	1.587
F7 优质环境实体可达性	0.902	1.109
F8 厌恶型设施临近性	0.901	1.110
F9 失业率	0.665	1.503
F10 流动人口比例	0.457	2.188
F11 距市中心距离	0.705	1.419

采用 GWR 4.0 软件运行 OLS 模型，回归结果表明，OLS 的调整 R^2 和 AIC 值分别为 0.6276 和 1070.40。11 个因素中有 7 个与住房租金显著相关

（0.05 显著性水平），且影响方向与理论预期一致。其中，有 6 个因素与住房租金在 0.01 水平上显著相关，具体如表 5 - 9 所示。这 7 个显著影响住房租金的因素分别为：住房建筑面积、住房内部设施、租房户比例、就业和购物便利性、失业率、流动人口比例、距市中心距离。这 7 个因素都覆盖到了住房的建筑特征、便利性特征、环境特征和区位特征。

表 5 - 9　　　　　　　　　　基于 OLS 的特征租金模型回归结果

影响因素	回归系数	标准差	T 值	p 值
截距	1.705	0.596	2.860	0.004
$F1$ 房龄	- 0.026	0.041	- 0.642	0.521
$F2$ 住房建筑面积	0.781**	0.102	7.679	0.000
$F3$ 住房内部设施	1.729**	0.269	6.427	0.000
$F4$ 租房户比例	- 0.307**	0.022	- 13.922	0.000
$F5$ 就业和购物便利性	0.200**	0.026	7.634	0.000
$F6$ 社会公共服务便利性	0.078	0.049	1.588	0.113
$F7$ 优质环境实体可达性	0.025	0.027	0.915	0.361
$F8$ 厌恶型设施临近性	- 0.013	0.023	- 0.564	0.573
$F9$ 失业率	- 0.047*	0.019	- 2.481	0.013
$F10$ 流动人口比例	0.363**	0.024	15.232	0.000
$F11$ 距市中心距离	- 0.209**	0.029	- 7.187	0.000

$R^2 = 0.6319$；调整 $R^2 = 0.6276$；对数似然值 = - 522.03；AICc = 1070.40

注：** 、* 分别代表在 0.01、0.05 的水平上显著。

住房建筑面积得分、住房内部设施得分、就业和购物便利性得分、流动人口比例每增加 1%，住房租金就分别增加 0.781%、1.729%、0.200%、0.363%；租房户比例、失业率、距市中心距离每增加 1%，住房租金就分别降低 0.307%、0.047%、0.209%。

（二）基于地理加权回归模型分析影响因素的空间异质性

一些案例研究表明，城市内部住房租金的影响因素具有空间异质性（汪佳莉等，2016；张世伟等，2019）。广州中心城区住房租金的空间分布具有异质性特征。因此，有必要进一步采用局部空间回归模型分析住房影响因素的空间异质性。局部回归模型可以将较小且相对同质的局部区域从大的非均匀区域中分离出来，以减少空间异质性效应对回归模型的影响。因此，首先采用经典的 GWR 模型计算影响因素的空间异质性。但并不是所有的自变量都是局部回归变量，部分变量有可能是全局变量。因此，需要对 11 个自变量进行局部系数的地理变异性检验（geographical variability tests of local coefficients）。采用 GWR 4.0 软件运行 GWR 模型。模型类型选择经典的高斯模型，基于自适应带宽二次核函数算法（adaptive bi-square）计算地理核函数，采用黄金分割搜索法（golden section search）计算最优带宽，利用 AICc 法判定最优带宽。得出的局部系数的地理变异性检验结果见表 5 – 10。

表 5 – 10　　　　　　　　　局部系数的地理变异性检验结果

影响因素	F 值	F 检验的 DOF 值	DIFF 判定值	局部或全局系数判断
截距	2.416	10.923	− 0.975	—
F1 房龄	2.868	11.205	− 6.701	局部
F2 住房建筑面积	2.706	11.304	− 4.693	局部
F3 住房内部设施	3.288	11.188	− 11.945	局部
F4 租房户比例	5.611	10.990	− 39.883	局部
F5 就业和购物便利性	2.917	9.388	− 6.170	局部
F6 社会公共服务便利性	1.258	12.699	15.543	全局
F7 优质环境实体可达性	1.515	11.457	10.688	全局
F8 厌恶型设施临近性	1.193	11.107	14.451	全局
F9 失业率	0.987	11.711	17.983	全局
F10 流动人口比例	3.189	10.675	− 10.235	局部
F11 距市中心距离	2.676	6.022	− 2.346	局部

注：①DIFF 判定值（AICc）为正值表明在模型选择标准方面没有空间变异性。②在没有空间变异的情况下，F 统计量遵循 F 检验的自由度 F 分布。

表 5 – 10 中，如果 DIFF 判定值为正值，则表明该变量系数基本不存在空间异质性效应，需将其作为全局变量；如果为负值，就作为局部变量。结果表明，社会公共服务便利性、优质环境实体可达性、厌恶型设施临近性、失业率的 DIFF 判定值为正数，因此这 4 个变量为全局变量，即这 4 个因素对住房租金影响几乎不存在空间变异性。其他的 7 个变量为局部变量。总体上，建筑特征和区位特征对住房租金的影响存在显著的空间异质性。便利性特征和环境特征较为复杂，同时存在着全局变量和局部变量。

当模型中同时存在全局变量和局部变量时，可采用半参数地理加权回归（SGWR）分析住房租金的影响因素（Wang et al，2021）。根据上述变量的测试结果，构建 SGWR 模型，模型参数设置方式与前述的传统 GWR 模型一致，只是区分了全局变量与局部变量。计算出的最优带宽是 129.00。

表 5 – 11 是 OLS、GWR、SGWR 三种模型的总体结果对比。结果表明，3 个模型中，SGWR 的调整 R^2 和对数似然值最高，AICc 值最低，说明 SGWR 比其他两个模型更适合解释广州中心城区住房租金与影响因素的关系。

表 5 – 11　　　　　　OLS、GWR、SGWR 的模型比较

模型	R^2	调整 R^2	AICc	对数似然值	最优带宽
OLS	0.6319	0.6276	1070.40	– 522.03	—
GWR	0.7477	0.6909	991.50	– 325.14	219.00
SGWR	0.7708	0.7166	917.76	– 274.90	129.00

SGWR 模型的局部 R^2，如表 5 – 12 所示。从研究区（广州中心城区）局部 R^2 看，超过 3/4 社区回归模型的 R^2 大于 0.6025，超过一半社区回归模型的 R^2 大于 0.7653，也表明局部回归模型的拟合程度也普遍较好。不同地域范围的局部 R^2 有所差异，城区的局部 R^2 普遍较高，旧城普遍较低。这表明，这些局部影响因素对城区住房租金市场的解释力更强。

表 5 - 12 　　　　　　　　　　SGWR 模型的局部 R²

区域	最小值	下四分位数	中位数	上四分位数	最大值	标准差
研究区全部	0.2664	0.6025	0.6990	0.7653	0.9000	0.1312
旧城	0.2664	0.4334	0.5492	0.6151	0.7550	0.1181
核心区	0.4186	0.6025	0.6904	0.7153	0.7812	0.0825
城区	0.4092	0.7057	0.7682	0.8073	0.9000	0.0808

　　SGWR 模型局部系数的描述性统计如表 5 - 13 所示。从局部系数的分布看，房龄、租房户比例、距市中心距离 3 个因素对住房租金影响为负的占多数，住房建筑面积、住房内部设施、就业和购物便利性、流动人口比例 4 个因素对住房租金影响为正的占多数。

表 5 - 13 　　　　　　　　SGWR 模型局部系数的描述性统计

影响因素	最小值	下四分位数	中位数	上四分位数	最大值	标准差
截距	- 9.5820	- 0.9612	0.6599	3.4234	8.5674	3.0957
F1 房龄	- 1.1641	- 0.3056	- 0.1279	0.0093	0.3263	0.2624
F2 住房建筑面积	- 1.0981	0.2477	0.7213	1.1713	2.2717	0.6057
F3 住房内部设施	- 1.7449	1.2605	2.1879	3.2015	8.2756	1.4982
F4 租房户比例	- 0.8136	- 0.3432	- 0.2431	- 0.1184	0.5776	0.1958
F5 就业和购物便利性	- 0.6496	0.0627	0.1803	0.2798	1.3086	0.2817
F10 流动人口比例	- 0.0613	0.2098	0.3028	0.4228	0.7342	0.1679
F11 距市中心距离	- 2.2698	- 0.3880	- 0.2002	0.0208	1.1044	0.4984
局部 R²	0.2664	0.6025	0.6990	0.7653	0.9000	0.1312

$R^2 = 0.7708$；调整 $R^2 = 0.7166$；对数似然值 $= - 274.90$；$AIC = 917.76$

　　进一步分析不同地域范围的 SGWR 模型局部系数差异，如表 5 - 14 所示。不同影响因素指标在不同地域范围对住房租金的影响程度有所差别，具体如表 5 - 15 所示。

表 5 - 14　　　　　　　　　　SGWR 模型局部系数的描述性统计

区域	影响因素	最小值	下四分位数	中位数	上四分位数	最大值	标准差
旧城	F1 房龄	- 1.1641	- 0.4516	- 0.0479	0.1555	0.3260	0.3977
	F2 住房建筑面积	- 0.4126	0.2332	0.6736	1.3036	2.2717	0.6465
	F3 住房内部设施	- 1.7449	0.1747	1.5091	2.4926	5.1890	1.5486
	F4 租房户比例	- 0.8136	- 0.3319	- 0.1401	0.0121	0.5776	0.2717
	F5 就业和购物便利性	- 0.6496	- 0.1333	0.1659	0.4460	1.2989	0.4316
	F10 流动人口比例	0.1415	0.3529	0.4658	0.5886	0.7342	0.1449
	F11 距市中心距离	- 1.8642	- 0.1858	0.2430	0.4466	1.0454	0.4466
核心区	F1 房龄	- 0.8127	- 0.3460	- 0.2299	- 0.1063	0.3263	0.2127
	F2 住房建筑面积	- 1.0981	- 0.1661	0.2616	0.7047	1.6973	0.5718
	F3 住房内部设施	- 0.8462	2.1925	2.9434	4.0866	8.2756	1.4170
	F4 租房户比例	- 0.7915	- 0.4009	- 0.2972	- 0.2159	0.0212	0.1673
	F5 就业和购物便利性	- 0.3239	0.0628	0.2028	0.3817	1.3086	0.3234
	F10 流动人口比例	- 0.0120	0.2010	0.2914	0.3754	0.6977	0.1381
	F11 距市中心距离	- 0.9965	- 0.2926	- 0.1784	- 0.0365	1.1044	0.3145
城区	F1 房龄	- 0.7868	- 0.2266	- 0.0892	- 0.0060	0.2943	0.1880
	F2 住房建筑面积	- 0.5712	0.5835	0.9791	1.2332	2.0407	0.4642
	F3 住房内部设施	0.1021	1.1516	1.9342	3.0351	5.9020	1.2093
	F4 租房户比例	- 0.5679	- 0.3185	- 0.2236	- 0.1157	0.2414	0.1430
	F5 就业和购物便利性	- 0.1835	0.0935	0.1775	0.2334	0.4496	0.0983
	F10 流动人口比例	- 0.0613	0.1611	0.2591	0.3501	0.6281	0.1509
	F11 距市中心距离	- 2.2698	- 0.6323	- 0.3080	- 0.1553	0.5682	0.4824

表 5 - 15　　　　不同影响因素指标在不同地域范围对住房租金的

影响程度差异情况

影响因素	影响相对较强的区域	影响相对较弱的区域
F1 房龄	核心区	旧城、城区
F2 住房建筑面积	城区	核心区

影响因素	影响相对较强的区域	影响相对较弱的区域
F_3 住房内部设施	核心区	旧城
F_4 租房户比例	核心区	旧城
F_5 就业和购物便利性	核心区	旧城、城区
F_{10} 流动人口比例	旧城	城区
F_{11} 距市中心距离	城区	旧城

根据 SGWR 模型的 7 个局部因素变量，探讨住房租金与 7 个因素的局部相关性关系，并根据 $p < 0.05$ 检验参数的统计显著性，具体如表 5 - 16 所示。结果表明，有 74.85% 社区的住房租金与住房内部设施得分显著正相关，62.95% 社区的住房租金与租房户比例显著负相关，影响方向都符合理论预期。由此可见，上述 2 个建筑特征因素指标对住房租金有显著影响的社区数量最多。而房龄、住房建筑面积、就业和购物便利性 3 个因素指标对住房租金有显著影响的社区比例都低于30%。

表 5 - 16　基于 SGWR 模型的 7 个局部影响因素的显著性与影响方向统计　　单位：%

影响因素	$p < 0.05$	正向影响	负向影响
F_1 房龄	24.70	18.98	5.72
F_2 住房建筑面积	29.74	29.74	0.00
F_3 住房内部设施	74.85	74.85	0.00
F_4 租房户比例	63.40	0.45	62.95
F_5 就业和购物便利性	27.11	0.08	27.03
F_{10} 流动人口比例	43.52	43.30	0.23
F_{11} 距市中心距离	35.54	3.09	32.45

三、研究结论与讨论

本章案例研究以广州中心城区 1043 个社区为研究对象，构建了由 11 个因素组成的特征租金模型。采用 OLS 模型在全局层面研究了广州中心城区住房租金的主要影响因素，在此基础上，利用 SGWR 分析了住房租金影响因素的空间异质性。研究结论如下：

采用全局回归模型（OLS）验证了影响因素与住房租金的关系及其显著性。结果表明，住房建筑面积、住房内部设施、就业和购物便利性、流动人口比例对住房租金有显著的正向影响，租房户比例、失业率、距市中心距离对住房租金有显著的负向影响。

采用局部系数的地理变异性检验结果表明，社会公共服务便利性、优质环境实体可达性、厌恶型设施临近性、失业率为全局变量，即对住房租金的影响不存在空间变异性。房龄、住房建筑面积、住房内部设施、租房户比例、就业和购物便利性、流动人口比例、距市中心距离是局部变量，对住房租金的影响具有空间异质性。由此可见，建筑特征和区位特征对住房租金的影响存在显著的空间异质性。便利性特征和环境特征同时存在着全局变量和局部变量。

利用 SGWR 方法证明了广州中心城区住房租金影响因素的空间异质性。结果表明，SGWR 的模型性能优于 GWR 和 OLS，R^2 和对数似然值较大，AIC 值较低。这些局部影响因素对不同区域的住房租金影响强度具有空间异质性：房龄、住房内部设施、租房户比例、就业和购物便利性这 4 个因素在核心区对住房租金的影响相对较强；住房建筑面积、距市中心距离这 2 个因素在城区对住房租金的影响相对较强；而流动人口比例在旧城对住房租金的影响程度最强。总体上，住房内部设施和租房户比例这 2 个建筑特征指标对住房租金有显著影响的社区数量最多。

本章案例研究在社区尺度上验证了本书提出的特征租金理论模型。并且，不仅从全局层面验证了该模型，还分析了特征租金模型因素的空间异质性。研究的意义在于，本章研究的结论对于理解住房租金影响因素的空间局限性具有一定的参考价值。在城市租金的评估时，需要对具有空间变异性特征的因素指标进行空间差异化和指标差别化的估价处理方式，使得住房租金的估计更加科学合理。另外，本章研究得出的住房租金与影响因素的差异化关系，可为政策制定者制定空间差异化的保障性租赁住房政策提供决策依据，也为宜居城市建设提供理论支持。

参考文献

一、中文部分

[1] 陈斐，杜道生. 空间统计分析与 GIS 在区域经济分析中的应用 [J]. 武汉大学学报（信息科学版），2002，27（4）：391 – 396.

[2] 陈云，王浩. 核密度估计下的二分递归算法构建及应用：测算特定收入群体规模的非参数方法拓展 [J]. 统计与信息论坛，2011，26（9）：3 – 8.

[3] 陈则明. 住房市场中的"住宅链"现象 [J]. 上海房地，1998（10）：5 – 7.

[4] 程开明，李金昌. 紧凑城市与可持续发展的中国实证 [J]. 财经研究，2007，33（10）：73 – 82.

[5] 程亚鹏. 我国城市住房价格测度：Hedonic 方法与实证 [D]. 重庆：重庆大学，2010.

[6] 董昕. 城市住宅区位及其影响因素分析 [J]. 城市规划，2001，25（2）：33 – 39.

[7] 董增辉. 解析建筑结构的抗震设计 [J]. 民营科技，2013（4）：211.

[8] 杜超，王姣娥，刘斌全，等. 城市道路与公共交通网络中心性对住宅租赁价格的影响研究：以北京市为例 [J]. 地理科学进展，2019，38（12）：1831 – 1842.

[9] 冯友建，陈天一. 基于 SEM 模型的轨道交通对住宅价格的空间效应 [J]. 浙江大学学报（理学版），2020，47（1）：115 – 122.

[10] 葛红玲，杨乐渝. 商品住宅价格形成问题研究：以北京为典型案例分析 [M]. 北京：经济科学出版社，2010.

[11] 广州市建设委员会，广州市城市管理委员会办公室. 广州市城市管理社区网络责任分区地图册 [M]. 广州：广东省地图出版社，2007.

[12] 郭鸿懋. 城市空间经济学 [M]. 北京：经济科学出版社，2002：40 - 41.

[13] 郝前进. 特征价格法与上海住宅价格的决定机制研究 [D]. 上海：复旦大学，2017.

[14] 贾士军，周春山. 城市房屋参考租金测定与空间分布：以广州为例 [J]. 经济地理，2009，29（4）：618 - 623.

[15] 姜川. 城市竞争视角下现代 CBD 规划策略研究 [D]. 天津：天津大学，2017.

[16] 李卫民，李同昇，武鹏. 南京市住宅租金空间分异特征与影响因素分析 [J]. 测绘科学，2018，43（5）：95 - 99，104.

[17] 梁春雷. 住宅项目开发投资区位选择的研究 [D]. 桂林：广西大学，2008.

[18] 林瑜茂. 城市住宅区位选择研究：以上海轨道交通沿线区域为例 [D]. 上海：上海师范大学，2006.

[19] 刘芳. 市场力和行政力驱动的城市住区空间区位演化："板块"变迁与优化 [D]. 上海：同济大学，2006.

[20] 刘慧. 区域差异测度方法与评价 [J]. 地理研究，2006，25（4）：710 - 718.

[21] 刘天培，齐澄宇，冯健. 北京市住宅与房价空间结构探究 [J]. 中国统计，2014（11）：18 - 19.

[22] 刘旺. 北京市居住空间结构与居民住宅区位选择行为研究 [D]. 北京：中国科学院研究生院，2004.

[23] 刘旺，张文忠. 国内外城市居住空间研究的回顾与展望 [J]. 人文地理，2004，19（3）：6 - 11.

[24] 刘颖，张平宇，李静. 长春市区新建住宅价格的空间格局分析 [J]. 地

理科学, 2011, 31 (1): 95 - 101.

[25] 刘志伟. 收入分配不公平程度测度方法综述 [J]. 统计与信息论坛, 2003, 18 (5): 28 - 32.

[26] 鲁羽西, 詹长根, 戴云. 基于特征价格模型的住宅租金影响因素研究: 以武汉市主城区为例 [J]. 中国房地产, 2019 (12): 58 - 63.

[27] 陆学艺. 当代中国社会阶层研究报告 [M]. 北京: 社会科学文献出版社, 2002.

[28] 毛学刚, 李明泽, 范文义, 等. 近30年来小兴安岭地区生物量变化及地统计分析 [J]. 地理研究, 2011, 30 (6): 1110 - 1120.

[29] 梅志雄. 基于半变异函数的住宅价格空间异质性分析: 以东莞市为例 [J]. 华南师范大学学报 (自然科学版), 2008 (4): 123 - 128.

[30] 孟元元. 城市宜居社区综合评价及其应用研究 [D]. 秦皇岛: 燕山大学, 2012.

[31] 沈体雁, 于瀚辰. 空间计量经济学 (第二版) [M]. 北京: 北京大学出版社, 2019.

[32] 沈体雁, 于瀚辰, 周麟, 等. 北京市二手住宅价格影响机制: 基于多尺度地理加权回归模型 (MGWR) 的研究 [J]. 经济地理, 2020, 40 (3): 75 - 83.

[33] 舒东, 郝寿义. 房地产功能价值论与中国房地产市场投资 [J]. 南开学报 (哲学社会科学版), 2003 (3): 101 - 107.

[34] 苏亚艺, 朱道林, 耿槟. 北京市住宅租金空间结构及其影响因素 [J]. 经济地理, 2014, 34 (4): 64 - 69.

[35] 田光进, 沙默泉. 基于点状数据与 GIS 的广州大都市区产业空间格局 [J]. 地理科学进展, 2010, 29 (4): 387 - 395.

[36] 汪佳莉, 季民河, 邓中伟. 基于地理加权特征价格法的上海外环内住宅租金分布成因分析 [J]. 地域研究与开发, 2016, 35 (5): 72 - 80.

[37] 王洪强, 李小雪, 张英婕. 上海市住宅租金价格空间分异格局及其影响因素分析 [J]. 管理现代化, 2019, 39 (5): 95 - 100.

[38] 王仁芳. 城市居民住房租买选择的影响因素研究 [D]. 南京: 南京工

业大学，2016.

[39] 王洋. 城市住房空间与社会空间：结构·关系·差异 [M]. 广州：中山大学出版社，2017.

[40] 王洋，方创琳，盛长元. 扬州市住宅价格的空间差异与模式演变 [J]. 地理学报，2013a，68（8）：1082 - 1096.

[41] 王洋. 基于住宅优势度的城市住宅价格空间分异研究 [M]. 北京：科学出版社，2015.

[42] 王洋，金利霞，张虹鸥，等. 广州市居民住房条件的空间分异格局与形成机制 [J]. 地理科学，2017d，37（6）：868 - 875.

[43] 王洋，金利霞，张虹鸥，等. 社会空间视角下广州居住地犯罪风险的格局与模式 [J]. 地理研究，2017a，36（12）：2465 - 2478.

[44] 王洋，李强，王少剑，等. 扬州市住宅价格空间分异的影响因素与驱动机制 [J]. 地理科学进展，2014，33（3）：375 - 388.

[45] 王洋，王德利，刘丽华，等. 中国城市住宅价格的空间分化及其土地市场影响 [J]. 中国土地科学，2015b，29（6）：33 - 40.

[46] 王洋，王德利，王少剑. 中国城市住宅价格的空间分异格局及影响因素 [J]. 地理科学，2013b，33（10）：1157 - 1165.

[47] 王洋，吴康敏，张虹鸥. 广州中心城区住宅租金差异的核心影响因素 [J]. 地理学报，2021，76（8）：1924 - 1938.

[48] 王洋，杨忍，关兴良，等. 城市住宅价格空间分异的理论基础及应用路径 [J]. 中国房地产，2015a（8）：16 - 27.

[49] 王洋，杨忍，李强，等. 广州市银行业的空间布局特征与模式 [J]. 地理科学，2016，36（5）：742 - 750.

[50] 王洋，张虹鸥，金利霞，等. 中国城市社会阶层空间化评价的思路与方法 [J]. 人文地理，2017c，32（6）：15 - 23.

[51] 王洋，张虹鸥，吴康敏. 粤港澳大湾区住房租金的空间差异与影响因素 [J]. 地理研究，2020，39（9）：135 - 148.

[52] 王洋，张虹鸥，叶玉瑶，等. 广州市社会空间质量的综合评价与分布格局 [J]. 热带地理，2017b，37（1）：25 - 32.

［53］ 温海珍，贾生华. 住宅的特征与特征的价格——基于特征价格模型的分析［J］. 浙江大学学报（工学版），2004（10）：1338-1342.

［54］ 吴康敏，张虹鸥，王洋，等. 广州市多类型商业中心识别与空间模式［J］. 地理科学进展，2016，35（8）：963-974.

［55］ 吴秀芹，张洪岩，李瑞改，等. ArcGis 9 地理信息系统应用与实践（下册）［M］. 北京：清华大学出版社，2007.

［56］ 吴宇哲. 基于 GIS 的城市住宅价格时空演变规律探索及其应用研究［D］. 杭州：浙江大学，2005.

［57］ 徐建华. 现代地理学中的数学方法［M］. 2 版. 北京：高等教育出版社，2002.

［58］ 杨励雅，王振波. 城市社区建成环境对居民日常出行行为的影响分析［J］. 经济地理，2019，39（4）：101-108.

［59］ 杨上广. 大城市社会极化的空间响应研究［D］. 上海：华东师范大学，2005.

［60］ 杨上广，王春兰. 国外城市社会空间演变的动力机制研究综述及政策启示［J］. 国际城市规划，2007，22（2）：42-50.

［61］ 姚嘉玉. 城市居民住房选择行为交互关系研究［D］. 哈尔滨：哈尔滨工业大学，2016.

［62］ 尹上岗，李在军，宋伟轩，等. 基于地理探测器的南京市住宅租金空间分异格局及驱动因素研究［J］. 地球信息科学学报，2018，20（8）：1139-1149.

［63］ 张鸿雁. 侵入与接替：城市社会结构变迁新论［M］. 南京：东南大学出版社，2000.

［64］ 张若曦，贾士军. 广州市住宅租金影响因素的研究［J］. 工程管理学报，2014，28（6）：118-123.

［65］ 张沈生，张露露. 沈阳市两城区住宅租金空间分异规律及其影响因素比较分析［J］. 沈阳建筑大学学报（社会科学版），2019，21（4）：365-370.

［66］ 张世伟，王琳，鲁凤. 基于 MGWR 的南京市住宅租金影响因素研究

［J］. 现代城市研究, 2019, 34 (11)：97 – 103.

［67］张园. 面向住房需求特征的城市居民居住联合选择研究 ［D］. 哈尔滨：哈尔滨工业大学, 2014.

［68］赵自胜. 城市商品住宅价格空间分异研究 ［D］. 开封：河南大学, 2010.

［69］周源. 城市住区公共服务配套设施空间分异研究：以上海为例 ［D］. 上海：同济大学, 2009.

［70］邹静, 陈杰, 王洪卫. 社会融合如何影响流动人口的居住选择：基于 2014 年全国流动人口监测数据的研究 ［J］. 上海财经大学学报, 2017, 19 (5)：64 – 79.

二、外文部分

［1］Abu-Lughod J, Foley M M. The Consumer Votes by Moving ［M］//William L C W, Grace M, Margy E M. Urban Housing. New York：Free Press, 1966：171 – 175.

［2］Abu-Lughod J, Foley M M, Winnick L. Housing Choices and Housing Constraints ［M］. New York：McGraw-Hill, 1960.

［3］Aitken S C. Evaluative criteria and social distinctions in renters' residential search procedures ［J］. The Canadian Geographer, 1987, 31 (2)：114 – 126.

［4］Alonso W. Location and Load Use：Toward a General Theory of Land Rent ［M］. Cambridge, Mass：Harvard University Press, 1964.

［5］Anselin L, Syabri I, Kho Y. GeoDa：An introduction to spatial data analysis ［J］. Geographical Analysis, 2006, 38 (1)：5 – 22.

［6］Anselin L. Spatial Econometrics：Methods and Models ［M］. Dordrecht：Springer, 1988：1 – 254.

［7］Arbia G. Spatial Econometrics：Statistical Foundations and Applications to Regional Economic Growth ［M］. Berlin and Heidelberg：Springer-Verlag, 2006：1 – 146.

［8］Atkinson A B. On the measurement of inequality ［J］. Journal of Economic Theory, 1970, 2 (3)：244 – 263.

[9] Banfi S, Filippini M, Horehájová A. Valuation of environmental goods in profit and non-profit housing sectors: Evidence from the rental market in the city of Zurich [J]. Swiss Journal of Economics and Statistics, 2008, 144 (4): 631 – 654.

[10] Basolo V, Yerena A. Residential mobility of low-income, subsidized households: A synthesis of explanatory frameworks [J]. Housing Studies, 2017, 32 (6): 841 – 862.

[11] Bitter C, Mulligan G F, Dall'erba S. Incorporating spatial variation in housing attribute prices: A comparison of geographically weighted regression and the spatial expansion method [J]. Journal of Geographical Systems, 2007, 9 (1): 7 – 27.

[12] Brasington D M, Hite D. Demand for environmental quality: A spatial hedonic analysis [J]. Regional Science and Urban Economics, 2005, 35 (1): 57 – 82.

[13] Brown L A, Moore E G. The intra-urban migration process: A perspective [J]. Geografiska Annaler, 1970, 52 (1): 1 – 13.

[14] Brunsdon C, Fotheringham A S. Charlton M E. Geographically weighted regression: A method for exploring spatial nonstationarity [J]. Geographical Analysis, 1996, 28 (4): 281 – 298.

[15] Brunsdon C, Fotheringham A, Charlton M. Some notes on parametric significance test for geographically weighted regression [J]. Journal of Regional Science, 1999, 39, 497 – 524.

[16] Burgess E W. The growth of the city: An introduction to a research project [J]. American Sociological Society, 1924 (18): 85 – 97.

[17] Cahill M, Mulligan G. Using geographically weighted regression to explore local crime patterns [J]. Social Science Computer Review, 2007, 25 (2): 174 – 193.

[18] Cao K, Diao M, Wu B. A big data-based geographically weighted regression model for public housing prices: A case study in Singapore [J]. Annals of

the American Association of Geographers, 2019, 109 (1): 173 – 186.

［19］ Cassel E, Mendelsohn R. The choice of functional forms for hedonic price equations: Comment ［J］. Journal of Urban Economics, 1985, 18 (2): 135 – 142.

［20］ Castells M. The Urban Question ［M］. Cambridge, Massachusets: The MIT Press, 1977.

［21］ Cervero R, Kockelman K. Travel demand and the 3Ds: Density, diversity, and design ［J］. Transportation Research Part D: Transport and Environment, 1997, 2 (3): 199 – 219.

［22］ Cervero R, Wu K L. Polycentrism, commuting, and residential location in the San Francisco Bay area ［J］. Environment and Planning A, 1997, 29 (5): 865 – 886.

［23］ Chen J, Belton F. Regional income inequality and economic growth in China ［J］. Journal of Comparative Economics, 1996, 22 (2): 141 – 164.

［24］ Chen M, Lu D, Zha L. The comprehensive evaluation of China's urbanization and effects on resources and environment ［J］. Journal of Geographical Sciences, 2010, 20 (1): 17 – 30.

［25］ Chu H J, Liau C J, Lin C H, et al. Integration of fuzzy cluster analysis and kernel density estimation for tracking typhoon trajectories in the Taiwan region ［J］. Expert Systems with Applications, 2012, 39 (10): 9451 – 9457.

［26］ Clark P J, Evans F C. Distance to nearest neighbor as a measure of spatial relationships in populations ［J］. Ecology, 1954, 35: 445 – 453.

［27］ Collinson R, Ganong P. How do changes in housing voucher design affect rent and neighborhood quality? ［J］. American Economic Journal: Economic Policy, 2018, 10 (2): 62 – 89.

［28］ Cowell F A. Measuring Inequality ［M］. 2nd ed. London: Prentice Hall/Harvester Wheatsheaf, 1995.

［29］ Cui N N, Gu H Y, Shen T Y, et al. The impact of micro-level influencing factors on home value: A housing price-rent comparison ［J］. Sustainability, 2018, 10 (12): 1 – 23. (https://www. mdpi. com/2071 – 1050/10/ 12/4343).

[30] Czembrowski P, Kronenberg J. Hedonic pricing and different urban green space types and sizes: Insights into the discussion on valuing ecosystem services [J]. Landscape and Urban Planning, 2016, 146: 11 – 19.

[31] D'Arcangelo F M, Percoco M. Housing rent and road pricing in Milan: Evidence from a geographical discontinuity approach [J]. Transport Policy, 2015, 44: 108 – 116.

[32] Diao M, Qin Y, Sing T F. Negative externalities of rail noise and housing values: Evidence from the cessation of railway operations in Singapore [J]. Real Estate Economics, 2016, 44 (4): 878 – 917.

[33] Efthymiou D, Antoniou C. How do transport infrastructure and policies affect house prices and rents? Evidence from Athens, Greece [J]. Transportation Research Part A: Policy and Practice, 2013, 52: 1 – 22. (https://www. sciencedirect. com/science/article/abs/pii/S0965856413000980).

[34] Färe R, Lovell C A K. Measuring the technical efficiency of production [J]. Journal of Economic Theory, 1978, 19 (1): 150 – 162.

[35] Fotheringham A S, Brunsdon C, Charlton M. Geographically Weighted Regression: The Analysis of Spatially Varying Relationships [M]. John Wiley & Sons, 2003.

[36] Fotheringham A S, Yang W, Kang W. Multiscale geographical-ly weighted regression (MGWR) [J]. Annals of the American Association of Geographers, 2017, 107 (6): 1247 – 1265.

[37] Gan X L, Zuo J, Chang R D, et al. Exploring the determinants of migrant workers' housing tenure choice towards public rental housing: A case study in Chongqing, China [J]. Habitat International, 2016, 58: 118 – 126.

[38] Goodman A C, Thibodeau T G. Housing market segmentation and hedonic prediction accuracy [J]. Journal of Housing Economics, 2003, 12 (3): 181 – 201.

[39] Gray F. Non-explanation in urban geography [J]. Area, 1975, 7 (4): 228 – 234.

[40] Gurran N, Phibbs P. When tourists move in: How should urban planners respond to Airbnb? [J]. Journal of the American Planning Association, 2017, 83 (1): 80 – 92.

[41] Hanink D M, Cromley R G, Ebenstein A Y. Spatial variation in the determinants of house prices and apartment rents in China [J]. Journal of Real Estate Finance & Economics, 2012, 45 (2): 347 – 363.

[42] Harvey D. Social Justice and the City [M]. Baltimore: The John Hopkins University Press, 1973.

[43] Hastie T J. Generalized Additive Models [M]//Chambers J M. Statistical models in S. Routledge, 2017: 249 – 307.

[44] Hastie T, Tibshirani R. Generalized additive models [J]. Statistical Science, 1986, 1 (3): 297 – 310.

[45] Haurin D R, Brasington D. School quality and real house prices: Inter-and intrametropolitan effects [J]. Journal of Housing Economics, 1996, 5 (4): 351 – 368.

[46] Herbert J D, Stevens B H. A model for the distribution of residential activity in urban areas [J]. Journal of Regional Science, 1960, 2 (2): 21 – 36.

[47] Hill R J, Rambaldi A N, Scholz M. Higher frequency hedonic property price indices: A state-space approach [J]. Empirical Economics, 2020: 1 – 25. (https://link.springer.com/article/10.1007/s00181 – 020 – 01862 – y).

[48] Hoyt H. The Structure and Growth of Residential Neighborhoods in American Cities [M]. Washington, D C: Federal Housing Administration, 1939.

[49] Huang J, Kuo C, Kao A. The inequality of regional economic development in China between 1991 and 2001 [J]. Journal of Chinese Economic and Business Studies, 2003, 1 (3): 273 – 285.

[50] Huang Y, Jiang L. Housing inequality in transitional Beijing [J]. International Journal of Urban and Regional Research, 2009, 33 (4): 936 – 956.

[51] Humphreys J, Ahern A. Is travel based residential self-selection a significant influence in modal choice and household location decisions? [J]. Transport Policy, 2019, 75: 150 – 160.

[52] Jiang S, Land K C, Wang J. Social ties, collective efficacy and perceived neighborhood property crime in Guangzhou, China [J]. Asian Journal of Criminology, 2013, 8 (3): 207 – 223.

[53] Jiang W, Feng T, Timmermans H, et al. A gap-theoretical path model of residential satisfaction and intention to move house applied to renovated historical blocks in two Chinese cities [J]. Cities, 2017, 71: 19 – 29.

[54] Josef N. On the measurement of regional inequality: Does spatial dimension of income inequality matter? [J]. The Annals of Regional Science, 2007, 41 (3): 563 – 580.

[55] Kanbur R, Zhang X. Which regional inequality? The evolution of rural-urban and inland-coastal inequality in China, 1983 – 1995 [J]. Journal of Comparative Economics, 1999, 27 (4): 686 – 701.

[56] Kendig H L. Housing careers, life cycle and residential mobility: Implications for housing market [J]. Urban Studies, 1984, 21 (3): 271 – 283.

[57] Kim H N, Boxall P C, Adamowicz W L V. Analysis of the economic impact of water management policy on residential prices: Modifying choice set formation in a discrete house choice analysis [J]. Journal of Choice Modelling, 2019, 33: 100148.

[58] Kim J H, Pagliara F, Preston J. The intention to move and residential location choice behaviour [J]. Urban Studies, 2005, 42 (9): 1621 – 1636.

[59] Lancaster K J. A new approach to consumer theory [J]. Journal of Political Economy, 1966, 74 (2): 132 – 157.

[60] Lansing J B, Marans R W. Evaluation of neighborhood quality [J]. Journal of the American Institute of Planners, 1969, 35 (3): 195 – 199.

[61] LeSage J, Pace R K. Introduction to Spatial Econometrics [M]. London: Chapman and Hall/CRC, 2009: 1 – 374.

[62] Leung K M, Yiu C Y. Rent determinants of sub-divided units in Hong Kong [J]. Journal of Housing and the Built Environment, 2019, 34 (1): 133 – 151.

[63] Li M M, Brown H J. Micro-neighborhood externalities and hedonic housing prices [J]. Land Economics, 1980, 56 (2): 125 –141.

[64] Lockwood D. Mapping crime in Savannah: social disadvantage, land use, and violent crimes reported to the police [J]. Social Science Computer Review, 2007, 25 (2): 194 –209.

[65] Lu M, Wang E. Forging ahead and falling behind: Changing regional inequalities in post-reform China [J]. Growth and Change, 2002, 33 (1): 42 –71.

[66] Martin H, Christoph W. Patterns of regional inequality in the enlarged Europe [J]. European Sociological Review, 2008, 24 (1): 19 –36.

[67] McFadden D. Conditional Logit Analysis and Qualitative Choice Behavior in Frontiers in Economics [M]. New York: Ed. P. Zaremka Academic Press, 1973: 105 – 142.

[68] Morgan B S. The bases of family status segregation: A case study in Exeter [J]. Transactions of the Institute of British Geographers, 1976 (1): 83 – 107.

[69] Mou Y, He Q, Zhou B. Detecting the spatially non-stationary relationships between housing price and its determinants in China: Guide for housing market sustainability [J]. Sustainability, 2017, 9 (10): 1826.

[70] Muhammad I. Disamenity impact of Nala Lai (open sewer) on house rent in Rawalpindi city [J]. Environmental Economics and Policy Studies, 2017, 19 (1): 77 –97.

[71] Muth R F. Cities and Housing [M]. Chicago: University of Chicago Press, 1969.

[72] Nakagawa M, Saito M, Yamaga H. Earthquake risk and housing rents: evidence from the Tokyo Metropolitan Area [J]. Regional Science and Urban

Economics, 2007, 37 (1): 87 – 99.

[73] Nelson A C, Genereux J, Genereux M. Price effects of landfills on house values [J]. Land Economics, 1992, 68 (4): 359 – 365.

[74] Nishi H, Asami Y, Shimizu C. Housing features and rent: Estimating the microstructures of rental housing [J]. International Journal of Housing Markets and Analysis, 2019, 12 (3): 210 – 225.

[75] O'Sullivan A. Urban Economics [M]. New York: McGraw-Hill Companies, Inc, 2003.

[76] Oates W E. The effects of property taxes and local public spending on property values: An empirical study of tax capitalization and the Tiebout Hypothesis [J]. Journal of Political Economy, 1969: 77 (6) 957 – 971.

[77] Ohta M, Griliches Z. Hedonic price indexes and the measurement of capital and productivity: Some historical reflections [C]//Fifty Years of Economic Measurement: The Jubilee of the Conference on Research in Income and Wealth, 1976.

[78] Pahl R. Patterns of Urban Life [M]. London: Longman, 1970.

[79] Park R E, Burgess E N, Mckengie R D. The City [M]. Chicago: University of Chicago Press, 1925.

[80] Phe H H, Wakely P. Status, quality and the other trade-off: Towards a new theory of urban residential location [J]. Urban Studies, 2000, 37 (1): 7 – 35.

[81] Qin B, Han S S. Emerging polycentricity in Beijing: Evidence from housing price variations, 2001 – 05 [J]. Urban Studies, 2013, 50 (10): 2006 – 2023.

[82] Cellmer R, Cichulska A, Belej M. Spatial analysis of housing prices and market activity with the geographically weighted regression [J]. International Journal of Geo-Information, 2020, 9 (6): 380.

[83] Raphael S, Winter-Ebmer R. Identifying the effect of unemployment on crime [J]. The Journal of Law and Economics, 2001, 44 (1): 259 – 283.

[84] Rava M, Marcon A, Girardi P, et al. Proximity to wood factories and hospitalizations for respiratory diseases in children [J]. Science of the Total Environment, 2011, 410: 80 – 86.

[85] Rex J, Moore R. Race, Community and Conflict [M]. London, UK: Oxford University Press, 1967.

[86] Rosen E. Horizontal immobility: How narratives of neighborhood violence shape housing decisions [J]. American Sociological Review, 2017, 82 (2): 270 – 296.

[87] Rosen S. Hedonic prices and implicit markets product differentiation in pure competition [J]. Journal of Political Economy, 1974, 82 (1): 34 – 55.

[88] Rossi P H. Why Families Move: A Study of the Social Psychology of Urban Residential Mobility [M]. London: Sage Publications, 1955.

[89] Rundle A, Roux A V D, Freeman L M, et al. The urban built environment and obesity in New York: A multilevel analysis [J]. American Journal of Health Promotion, 2007, 21 (4): 326 – 334.

[90] Saunders P. Domestic property and social class [J]. International Journal of Urban and Regional Research, 1978, 2 (1 – 3): 233 – 251.

[91] Schirmer P M, Van Eggermond M A B, Axhausen K W. The role of location in residential location choice models: A review of literature [J]. Journal of Transport and Land Use, 2014, 7 (2): 3 – 21.

[92] Shorrocks A F. The class of additively decomposable inequality measures [J]. Econometrica, 1980, 48 (3): 613 – 625.

[93] Shorrocks A. Inequality decomposition by population subgroup [J]. Econometrica, 1984, 52 (6): 1369 – 1385.

[94] Stevenson S. New empirical evidence on heteroscedasticity in hedonic housing models [J]. Journal of Housing Economics, 2004, 13 (2): 136 – 153.

[95] Theil H. Economics and Theory [M]. Amsterdam: North Holland Publishing Company, 1967.

[96] Tiebout C M. A pure theory of local expenditures [J]. Journal of Political

Economy, 1956, 64 (5): 416 - 424.

[97] Tobler W R. A computer movie simulating urban growth in the detroit region [J]. Economic Geography, 1970, 46 (Supp 1): 234 - 240.

[98] Tsui K. Economic reform and interprovincial inequalities in China [J]. Journal of Development Economics, 1996, 50 (2): 353 - 368.

[99] Wang Y, Fang C, Xiu C, et al. A new approach to measurement of regional inequality in particular directions [J]. Chinese Geographical Science, 2012, 22 (6): 705 - 717.

[100] Wang Y, Wang S J, Li G D, et al. Identifying the determinants of housing prices in China using spatial regression and the geographical detector technique [J]. Applied Geography, 2017, 79 (2): 26 - 36.

[101] Wang Y, Wu K, Jin L, et al. Identifying the spatial heterogeneity in the effects of the social environment on housing rents in Guangzhou, China [J]. Applied Spatial Analysis and Policy, 2021: 1 - 29. (https: //doi. org/10. 1007/s12061-021-09383-6).

[102] Wang Y, Wu K, Qin J, et al. Examining spatial heterogeneity effects of landscape and environment on the residential location choice of the highly educated population in Guangzhou, China [J]. Sustainability, 2020, 12 (9): 3869.

[103] Wang Y, Zhao L, Sobkowiak L, et al. Impact of urban landscape and environmental externalities on spatial differentiation of housing prices in Yangzhou city [J]. Journal of Geographical Sciences, 2015, 25 (9): 1122 - 1136.

[104] Wen H, Chu L. Temporal and spatial effects of urban center on housing price: A case study on Hangzhou, China [J]. World J. Soc. Sci. Res, 2018, 5: 89 - 97.

[105] Wen H, Xiao Y, Wang X, et al. Land-transfer events' effects on the housing market: empirical evidence from Hangzhou, China [J]. Journal of Urban Planning and Development, 2019, 145 (2): 1 - 13.

[106] Wittowsky D, Hoekveld J, Welsch J, et al. Residential housing prices: Impact of housing characteristics, accessibility and neighbouring apartments——A case study of Dortmund, Germany [J]. Urban, Planning and Transport Research, 2020, 8 (1): 44 - 70.

[107] Wolpert J. Behavioral aspects of the decision to migrate [J]. Papers of the Regional Science Association, 1965, 15 (1): 159 - 169.

[108] Wu J, Wang M, Li W, et al. Impact of urban green space on residential housing prices: Case study in Shenzhen [J]. Journal of Urban Planning and Development, 2015, 141 (4): 05014023.

[109] Xiao Y, Hui E C M, Wen H. Effects of floor level and landscape proximity on housing price: A hedonic analysis in Hangzhou, China [J]. Habitat International, 2019, 87: 11 - 26.

[110] Yang L, Wang B, Zhou J, et al. Walking accessibility and property prices [J]. Transportation research part D: Transport and environment, 2018, 62: 551 - 562.

[111] Yi C, Huang Y. Housing consumption and housing inequality in Chinese cities during the first decade of the twenty-first century [J]. Housing Studies, 2014, 29 (2): 291 - 311.

[112] Yu H, Fotheringham A S, Li Z, et al. Inference in multiscale geographically weighted regression [J]. Geographical Analysis, 2019, 52 (1): 87 - 106.

[113] Yu W H, Ai T H, Shao S W. The analysis and delimitation of central business district using network kernel density estimation [J]. Journal of Transport Geography, 2015, 45: 32 - 47.

[114] Zambrano-Monserrate M A, Ruano M A. Does environmental noise affect housing rental prices in developing countries? Evidence from Ecuador [J]. Land use Policy, 2019, 87: 104059.

[115] Zhang L, Hong J, Nasri A, et al. How built environment affects travel behavior: A comparative analysis of the connections between land use and ve-

hicle miles traveled in US cities [J]. Journal of Transport and Land Use, 2012, 5 (3): 40 – 52.

[116] Zhang S W, Wang L, Lu F. Exploring housing rent by mixed geographical-ly weighted regression: A case study in Nanjing [J]. ISPRS International Journal of Geo-Information, 2019, 8 (10): 431.